本书研究获河南省博士后科研资助，资助

面向公众参与的
政府环境管理研究

王丽珂　著

中国水利水电出版社
www.waterpub.com.cn
·北京·

内 容 提 要

本书把当代公民社会中觉醒的公众环境参与意识和环境参与行为与政府的环境管理结合起来,围绕政府、公众的关系展开分析,运用环境社会学、环境管理学、绩效评估等社会学和管理科学有关原理,采用宏观与微观、规范研究与实证研究、定性分析与定量分析相结合的方法,重点探讨了以下内容:当前我国政府环境管理的现状分析;公众环境参与、政府环境管理的基本概念框架和理论基础;政府与公众在环境管理系统中的作用;影响公众环境参与能力的区域社会结构因素;面向公众环境参与的政府环境管理绩效理论构思与模型设计;面向公众环境参与的政府环境管理综合测评;提升政府环境管理水平的政策建议等。本书通过结构方程分析解决上述讨论的问题,并将其运用到对政府环境管理绩效评价的实证研究中,对研究当前政府环境保护的绩效管理具有一定的方法论意义。

图书在版编目(CIP)数据

面向公众参与的政府环境管理研究 / 王丽珂著. --
北京:中国水利水电出版社,2016.10(2022.9重印)
ISBN 978-7-5170-4778-0

Ⅰ.①面… Ⅱ.①王… Ⅲ.①国家行政机关－公民－参与管理－环境管理－研究 Ⅳ.①X32

中国版本图书馆 CIP 数据核字(2016)第 235535 号

责任编辑:杨庆川 陈 洁　　封面设计:马静静

书　　名	面向公众参与的政府环境管理研究　MIANXIANG GONGZHONG CANYU DE ZHENGFU HUANJING GUANLI YANJIU
作　　者	王丽珂 著
出版发行	中国水利水电出版社
	(北京市海淀区玉渊潭南路 1 号 D 座 100038)
	网址:www.waterpub.com.cn
	E-mail:mchannel@263.net(万水)
	sales@mwr.gov.cn
经　　售	电话:(010)68545888(营销中心) 、82562819(万水)
	全国各地新华书店和相关出版物销售网点
排　　版	北京鑫海胜蓝数码科技有限公司
印　　刷	天津光之彩印刷有限公司
规　　格	170mm×240mm　16 开本　9.5 印张　177 千字
版　　次	2016年10月第1版　2022年9月第2次印刷
印　　数	1501-2500册
定　　价	42.00 元

前　言

　　当今,环境保护已是一个世界公认的主题,系千家万户,注众人心田。由于全球性的生态环境持续恶化,环境问题成了影响人类生存发展和生活质量的社会问题。在我国,伴随着环境问题的日渐显著化,公众对环境保护也变得越来越关注,这里可以借用一组有力的数据来说明:由原国家环保总局指导、中国环境文化促进会组织编制的《中国公众环保民生指数(2007)》显示,86％的公众认同环境污染对现代人的健康造成了很大影响,39％的公众认为环境污染给本人和家人的健康造成了很大影响或较大影响。与2006年相比,当遇到环境问题需要反映时,愿意向政府部门(包括环保局)反映的比例上升了4.9％。这些数据反映了人们对环境污染的重视和日益增长的参与环境管理的愿望。面对公众内心对环境友好的渴望与期待,在环境治理的过程中,政府在不同时期扮演着不同的角色,政府和公众的关系也在这个过程中不断变化,这个变化的过程也是政府由单一的行政管理走向以政府与公众共同进行环境管理的过程。这正是以公众空前高涨的参与环境保护的积极性和其参与能力的提高为基础的。

　　以此为契机,本研究把当代公民社会中觉醒的公众环境参与意识和环境参与行为与政府的环境管理结合起来,围绕政府、公众的关系展开分析,运用环境社会学、环境管理学、绩效评估等社会学和管理科学有关原理,采用宏观与微观、规范研究与实证研究、定性分析与定量分析相结合的方法,探讨政府与公众在环境管理系统中的相互作用,揭示影响公众环境参与能力的社会结构因素,分析公众参与对政府环境管理的激励路径,最后设计出面向公众参与的政府环境管理评价模型,并对其进行评价,探究政府和公众在环境管理实施过程中存在的问题,提出提高政府环境管理绩效的有效措施。研究结论对规范政府环境管理,提高公众环境参与能力具有重要的理论与实践意义。

　　论文的研究内容主要包括七个方面:一是当前我国政府环境管理的现状分析。在对我国环境管理的现状进行描述的基础上,指出其存在的问题,以此为基础厘清学者对环境问题的认识、政府环境管理和公众参与环境保护问题的文献研究脉络,揭示研究的局限和未来研究的方向。二是公众环境参与、政府环境管理的基本概念框架和理论基础。包括对公众环境参与能力、政府环境管理绩效等概念、内容的界定,以及相关阐释的理论基础。

三是政府与公众在环境管理系统中的作用。分别就政府和公众在环境管理系统中的作用和各自参与环境保护的行为模式进行阐述,并对他们在环境管理中的相互作用进行了博弈分析。四是影响公众环境参与能力的区域社会结构因素分析。从社会结构理论视角深入分析影响公众环境参与能力的因素,为建构面向公众环境参与的政府环境管理评价体系做基础铺垫。五是面向公众环境参与的政府环境管理绩效理论构思与模型设计。设计出公众环境参与对政府环境管理绩效的激励模型,将影响公众环境参与能力的区域经济社会结构因素纳入政府环境管理绩效的基础评价指标,构造出面向公众环境参与的政府环境管理绩效评价指标体系。六是面向公众环境参与的政府环境管理综合测评。在利用结构方程对面向公众环境参与的政府环境管理评价模型进行合理性检验的基础上,根据指标间的标准化路径系数推出各评价指标体系的权重,并进行实证检验。七是提升政府环境管理水平的政策建议。在综合测评的基础上得出我国各地区政府环境管理的实际相对水平,有针对性地提出提高不同区域政府环境管理能力的政策建议。

通过以上七方面内容的阐释,论文的创新之处主要表现在三个方面:一是从区域社会结构层面对影响公众环境参与能力的因素进行了定量研究。从区域社会结构层面研究公众环境参与能力的目的是找到提升公众环境参与水平的变量,进而提升面向公众环境参与的政府环境管理绩效。二是使用定量方法对公众环境参与和政府环境管理之间的关系进行研究,在一定程度上弥补了现有研究使用定量方法较少的不足。从博弈论到结构方程,论文力求通过数学工具来探索公众和政府在环境管理中的互动过程和作用关系,以保证整个论证的科学性,通过研究,分析了公众环境参与能力对政府环境管理绩效发生激励过程中的一些具体因素,使研究结果有了定量的数据支持。三是利用 LISREL 软件对构建的结构方程进行分析,验证了建构激励模型时假设的六个变量间的作用关系,当前许多学者从理论角度进行了很多分析,虽然正确但缺少数据分析结果的支持,对各变量之间的影响力大小也无法量化。本研究通过结构方程分析解决了这些问题。并将其运用到对政府环境管理绩效评价的实证研究中,对研究当前政府环境保护的绩效管理具有一定的方法论意义。

作 者
2016 年 8 月

目　录

前　言

第 1 章　绪论 ………………………………………………………… 1

  1.1　研究的背景 …………………………………………………… 1

  1.2　我国环境管理的沿革及存在问题分析 ……………………… 3

  1.3　国内外研究述评 ……………………………………………… 9

  1.4　文献评述 ……………………………………………………… 21

  1.5　研究内容 ……………………………………………………… 22

  1.6　研究思路、方法和技术路线 ………………………………… 23

  1.7　本文的特点和可能的创新 …………………………………… 26

  1.8　本章小结 ……………………………………………………… 27

第 2 章　相关概念和理论基础 …………………………………… 29

  2.1　相关概念的厘定 ……………………………………………… 29

  2.2　政府环境管理的理论基础 …………………………………… 33

  2.3　公众参与环境管理的理论依据和现实动因 ………………… 42

  2.4　本章小结 ……………………………………………………… 46

第 3 章　政府与公众在环境管理系统中的作用 ……………… 47

  3.1　环境管理系统 ………………………………………………… 47

  3.2　环境管理系统中的因素分析 ………………………………… 53

  3.3　环境管理的两种模式 ………………………………………… 56

  3.4　政府与公众在环境管理中的博弈分析 ……………………… 62

  3.5　本章小结 ……………………………………………………… 66

第 4 章　影响公众环境参与能力的社会结构分析 …………… 67

  4.1　我国公众环境参与能力的成长 ……………………………… 67

  4.2　影响公众环境参与能力的个体因素分析 …………………… 73

  4.3　影响公众环境参与能力的区域结构差异分析 ……………… 76

4.4　本章小结 ……………………………………………… 87

第5章　面向公众参与的政府环境管理绩效评价 ……………… 88

5.1　理论构思与模型设计 ………………………………… 88
5.2　面向公众参与的政府环境管理测度指标的初步选择……… 92
5.3　面向公众参与的政府环境管理绩效概念模型………… 99
5.4　本章小结 ……………………………………………… 100

第6章　面向公众参与的政府环境管理绩效结构方程研究……… 101

6.1　结构方程的概念与分析方法 ………………………… 101
6.2　公众环境参与的政府环境管理绩效激励中的关系与假设 … 105
6.3　正式研究阶段的数据分析与初始结构方程模型的构建…… 106
6.4　模型拟合与研究假设验证 …………………………… 110
6.5　面向公众环境参与的政府环境管理绩效实证研究 …… 115
6.6　本章小结 ……………………………………………… 121

第7章　结论与展望 ……………………………………………… 122

7.1　论文得出的主要结论 ………………………………… 122
7.2　提高环境管理绩效的对策建议 ……………………… 123
7.3　论文的创新点 ………………………………………… 126
7.4　后续研究的展望 ……………………………………… 126

参考文献 ………………………………………………………… 129

附　录 …………………………………………………………… 141

攻读博士学位期间的主要成果 ………………………………… 145

致　谢 …………………………………………………………… 146

第1章 绪论

1.1 研究的背景

　　人类社会匆匆走过了渔猎文明、农业文明、工业文明的时代,却迎来了社会发展带来的生态环境恶化的严峻挑战。当前,在伴随着经济高速发展的同时,全球性的生态环境状况也在持续恶化,这种现状在发展中国家则更加严重。就中国而言,改革开放30年来经济建设保持了高速的增长,各项社会事业有了质的飞跃,发展取得的成就有目共睹,但由于环境管理水平的相对落后,在经济快速增长的过程中,我们不得不面对并正视与其相伴而生的环境问题,发达国家上百年社会发展过程中分阶段出现的环境问题已在我国近20多年来集中爆发,并呈现结构型、复合型、压缩型的特点。环境污染和生态破坏造成了巨大经济损失,危害群众健康,影响社会稳定和环境安全,见表1-1。

表 1-1　2000—2007 年主要污染物排放和环境污染直接经济损失

Table 1-1　Discharge of major pollutants and direct economic losses of environmental pollution from 2000 to 2007

年份	废水排放总量(亿吨)		二氧化硫排放总量(万吨)		烟尘排放总量(万吨)		环境污染直接经济损失(万元)
	工业	生活	工业	生活	工业	生活	
2000	194.2	220.9	1612.5	382.6	953.3	212.1	17807.9
2001	200.7	230.2	1566.6	381.2	852.1	217.9	12272.4
2002	207.2	232.3	1562.0	364.6	804.2	208.5	4640.9
2003	212.4	247.0	1791.4	366.9	846.1	202.5	3374.9
2004	221.1	261.3	1891.4	363.5	886.5	208.5	36365.7
2005	243.1	281.4	2168.4	381.0	948.9	233.6	10515.0 *
2006	240.2	296.6	2234.8	354.0	864.5	224.3	13471.1
2007	246.6	310.2	2140.0	328.1	771.1	215.5	3016.0

　　注:数据来自各年份《中国环境统计年鉴》,＊表示2005年松花江损失未计算在内。

2006年,国务院新闻办在"世界环境日"发表的《中国的环境保护(1996—2005)》白皮书中指出中国的环境污染带来的经济损失已占到GDP的10%左右①。未来15年,我国人口将达到14.6亿,经济总量将翻两番,按现在的资源消耗和污染控制水平,污染负荷将增加4～5倍②。环境污染不仅阻碍了经济健康、可持续地发展,也对人们社会生活造成了巨大损害。有关专家采用疾病负担法测算,1995年由于我国大气污染和水污染所导致的健康损害带给人民的疾病经济负担相当于同年GDP的2.73%至6.74%;用宏观经济评价模型测算,我国2000年室内外空气污染所导致的健康损害使同年中国GDP的增长下降了0.37‰,如果不采取有效的环境对策控制污染,到2020年,由于健康损害导致我国GDP的损失将达1%③。

《2008年中国环境状况公报》显示,2007年对全国七大水系175条河流、345个断面的监测显示,7大水系Ⅰ类至Ⅲ类水质断面比例占55%(Ⅰ类至Ⅲ类为较好水质),Ⅳ类为18%,Ⅴ类为6%,劣Ⅴ类为21%;与上年相比,水质污染略有减缓,但水系水质整体污染的势头并未得到根本性遏制。此外,1986年至2008年重点湖泊水质:滇池一直为Ⅴ类至劣Ⅴ类,富营养化程度严重,太湖重度污染,中度富营养;巢湖中度污染,中度富营养;洪泽湖重度污染,轻度富营养;洞庭湖中度污染,中营养;鄱阳湖轻度污染,中营养④。

由于环境污染的全球化蔓延并日渐显著化,环境问题已成为影响人类生存发展和生活质量的社会问题。在我国频频爆发的生态环境危机,除了对全球生态环境产生一定影响之外,还对中国经济的进一步发展和民生的改善构成了重大威胁。环境作为社会发展的物质基础,是构建生态文明社会的重要内容,怎样用整体、协调的原则和机制铸造出社会的生活方式、生态观念与生态秩序成为建构生态文明社会的关键。党的十七大报告指出:"建设生态文明,基本形成节约能源资源和保护生态环境的产业结构、增长方式、消费方式",这鲜明地体现了解决生态环境问题在和谐社会建设中的紧迫性。

与世界上很多国家相同,我国也主要以政府干预方式进行环境管理,现行的一套环境管理体系,基本上是以行政管理为主的管理体系。同时,随着环保立法工作的推进及一些经济工具的有效使用,以行政手段、法律手段、

---

① 数据来自新浪新闻网. http://news.sina.com.cn/c/2006-06-06/045691284s.shtml
② 数据来自新浪新闻网. http://jczs.news.sina.com.cn/2007
③ http://www.greensun.cn/PRINTLR.ASP? ID=5435
④ http://www.pnc.gov.cn/web/zgzh/kxdy/347.html

经济手段相结合的环境管理机制在我国也已基本形成。但是,我国环境形势仍不容乐观,很多地区环境污染状况还没有得到转变,有的甚至还在加剧。究其原因,一方面是环境管理体系在运作中遇到了各种障碍,这些障碍是由于环境管理手段本身设计中的缺陷所致;另一方面,我国环境管理中存在明显的政府失灵,它不单单表现为政府计划失灵或政府决策失灵,很多情况下它表现为现有的各种手段在运行中失效或干脆就被扭曲的政府管理失灵,如经济利益压倒环境效益的错误发展观、地方保护行为等问题层出不穷。在如何有效克服政府管理失灵方面,完善立法,规范执法,建立环保内部监督机制固然十分重要,而建设与完善公众参与制度,提高公众参与程度,加大外部监督力量也是一项极其重要的工作。针对日益严峻的环境污染问题,国人也逐渐认识到,一方面政府具有不可推卸的监管责任,另一方面公众作为环境利益相关者参与环境管理,则有利于缓解政府失灵的问题。

1.2　我国环境管理的沿革及存在问题分析

1.2.1　环境管理的沿革

研究环境管理,首先应明确环境管理的概念范畴:论文讨论的环境管理,是指公共部门对环境事务进行管理的社会活动。具体来讲,是环境管理主体为了解决环境问题,实现公共利益,运用公共权力对环境事务施加管理的社会活动。中国是世界上最大、人口最多的发展中国家,面临着非常艰巨的环境保护任务,单靠法律或者技术手段是远远不够的,加之环境作为一种公共产品又具有非排他性和非竞争性特点,使得政府行使行政权力的社会活动结果也主要表现为一种公共服务,这种服务的优劣是环境管理客观结果好坏的一种体现。

一直以来,解决环境问题、提供良好的环境服务是历届政府都在努力并积极奋斗的目标。在改革开放前,经历了"大跃进"、大炼钢铁的特殊年代后遭到严重破坏的生态环境成为政府制定发展决策计划时不得不面对的突出问题。1973 年周恩来总理指示国务院召开了全国第一次环境保护会议。在总结新中国成立以来保护环境方面所取得的成就的同时,也相当尖锐地揭露了存在的一些比较突出的环境问题。会议在总结正反两方面经验的基础上,制定了防治环境污染和破坏的十条措施,审议并通过了环境保护工作32 字方针,建立了管理机构和研究机构,并提出环境保护要"依靠群众、大家动手",这是我国最早有关公众环保参与的国家规定。但是,周恩来总理的谆谆教导,却很少有反应。除了"极左"路线的干扰破坏之外,人们不能科学认识环境污染和破坏对健康和经济建设造成的巨大危害也是一个重要原因。

改革开放后,我国的环境保护出现转机是在 1978 年。在这一年,中共中央批准了国务院环境保护领导小组起草的关于《环境保护工作汇报要点》,要点提出:要"消除污染,保护环境,是进行社会主义建设、实现四个现代化的一个重要组成部分。我们绝不能走先污染、后治理的弯路"。之后的 1979 年,《环境保护法(试行)》在全国人大上获得了通过,这是中国第一部关于环境保护的法律。《环境保护法(试行)》也是 1978 年 12 月以来推进的法制建设的一环,这以后中国环境问题的解决主要由作为国家领导机构而设立的政府行政部门和司法机关负责。以邓小平为核心的第二代领导政府于 1983 年召开了第二次全国环境保护会议,将环境保护确立为基本国策,提出经济建设、城乡建设和环境建设同步规划、同步实施、同步发展,实现经济效益、社会效益、环境效益相统一的指导方针,实行"预防为主,防治结合""谁污染,谁治理"和"强化环境管理"三大政策。1989 年颁布的《环境保护法》代替了 1979 年的环境保护法草案,规定"一切单位和个人都有保护环境的义务,并有权对污染和破坏环境的单位和个人进行检举和控告",开创了公众参与环境保护的法律依据。

1993 年,为响应联合国环境与发展大会的会议宗旨,我国开始将"可持续发展"作为国家重大发展战略。以江泽民为核心的第三届领导政府于 1995 年通过了《关于制定国民经济和社会发展计划和 2010 年远景目标纲要的建议》,将生态环境问题作为未来 15 年必须高度重视和下大力气解决的关系全局的重大问题。当时以胡锦涛为核心的领导政府,在建设和谐社会的大背景下,提出"人与自然和谐相处"的口号,在党的十六届三中全会中首次提出的科学发展观,将统筹人与自然和谐发展作为科学发展观中五个统筹的原则之一。同年,保证公众参与的重要立法《环境影响评价法(试行)》正式实施,使公众的意见成为环境影响报告书中不可缺少的部分。2005 年 10 月,在党的十六届五中全会上,中央首次提出要建设资源节约型社会和环境友好型社会,并把它确定为"十一五"时期国民经济和社会发展长期规划中的一项战略任务,并在 2006 年 2 月 22 日正式发布了中国环保领域第一部公众参与的规范性文件《环境影响评价公众参与暂行办法》,详细规定公众参与环境影响评价的范围、程序、组织形式等细节内容,这标志着国务院《关于落实科学发展观加强环境保护的决定》中关于"健全社会监督机制"内容的实际执行,同年 4 月 17—18 日,在北京召开的第六次全国环境保护大会上,温家宝也在会上适时地提出了做好新形势下的环保工作,加快实现三个转变的具体要求,此要求进一步充分说明在"科学发展观"根本原则的指导下,节约资源和保护环境得到了极大重视。

2007 年国务院颁布《政府信息公开条例》之后,原国家环保总局立即宣布《环境信息公开办法(试行)》从 2008 年 5 月 1 日试行,作为政府第一部有关信息公开的规范性文件,该办法是保障公众环境知情权、提高公众参与的民主性的重要里程碑。2008 年 9 月 19 日,胡锦涛在《全党深入学习实践科学发展观活动动员大会暨省部级主要领导干部专题研讨班》开班式上强调:把深入学习实践科学发展观摆在突出位置,全面推进社会主义经济建设、政治建设、文化建设、社会建设以及生态文明建设。这些都充分地说明了政府已经在着力推进公众参与到环境保护中,不论是从普通百姓还是国家领导都把环境管理提上了重要的议事日程。

从以上我国环境管理政策制度沿革的简单回顾可以看出,在环境治理的过程中,政府在不同时期扮演着不同的角色,政府和公众的关系也在这个过程中不断地变化,这个变化的过程也是政府由单一的行政管理走向以政府与公众共同进行环境管理的过程。在中国新时期环境管理的这一战略转型中,引人深思的是如何有效贯彻落实科学发展观、实施可持续发展战略、如何引导和发动全社会的力量建设生态文明社会的当代中国。由于政府是环境保护绝对的推动力量,公民环境主体意识较弱[1](任莉颖,2001),而在学界,许多不同学科背景的科学家也把研究的着眼点放在环境问题本身,研究环境受到了什么危害,研究用什么方法可以减少这种危害,研究如何减少人类活动对环境的破坏和消极影响。但是,作为环境问题的制造者,人这一所有环境问题源头因素却还没有得到足够的重视[2](朱建军,2002)。因此,我们需要研究,当前哪些因素制约着公众的环境参与能力,如何让公众的环保参与行为变得更加积极,怎样实现政府和公众对环境的共同管理。

1.2.2　我国环境管理存在的问题分析

分析我国环境管理存在的问题之前,应掌握我国环境污染所造成损害的严重程度,因为衡量环境问题严重性的指标之一便是环境污染造成的损害程度。然而目前理论界尚无统一的标准来推算我国环境损害的大小。正如研究背景中提出的,虽然环境污染造成的健康损害已经发生,但实际上对损害情况的调查进行得并不充分,有的即使进行了调查也不会公布结果,原因是如果公开调查环境污染造成的健康损害和物质损害等并将之公布于众,就可以弄清引起污染的责任在谁,这往往涉及受灾救助和损害赔偿由谁负责等问题,致使可能要承担责任的相关各方根本不会主动进行调查。并且,在我国环境管理的政策体系中,有关环境污染损害赔偿和受灾救助等到底该如何进行的制度框架规定也不明确。因此,我们只能通过已有学者对该问题的研究将环境污染造成的经济损失所进行的推算简单列表如下。

表 1-2　环境污染造成的经济损失评估

Table 1-2　Evaluation of economic loss caused by environmental pollution

研究人员或机构	研究年份	经济损失金额(亿元)		经济损失占GNP 比率(%)
		环境污染	生态破坏	
Liu&Wang(1998)	1980	440	265	16.67
过孝民、张慧勤(1990)	1983	381	498	15.14
曲格平(1994)	1988	950	——	6.75
Smil(1996)	1988	437	1248	9.5
Smil&Mao Yushi(1998)	1990	357.5	961.9	7.1
孙炳彦(1996)	1992	1096.5	——	4.11
夏光(1998)	1992	986.1	——	3.7
徐高龄(1998)	1993	964	2395	9.7
郑易生(1997)	1993	1085		17.0
社会科学院(1998)	1993	1085	2360	9.97
中国环境年鉴(1997)	1995	120		1.7
世界银行(1997)	1995	4394		7.67
Panayotou&章(2000)	1999	8062.9		9.7(与GDP之比)

资料来源:李志东《中国环境保护系统》,东洋经济新报社,1999 年,p48 表 1-29。

厉以宁 &Jeremy Warford 等著《中国的环境与可持续发展——CCIED 环境经济工作组研究成果概要》,经济科学出版社,2004 年,p105 表 6.1 和 p127 表 6.6。

根据这些推算,环境污染造成的经济损失占 GNP 比例达到百分之几的规模,这与环境统计年鉴中每年公布的"环境污染和环境事故"直接经济损失额数据相比较而言,可以明显看出统计口径和范围的巨大差异,尽管各推算值相差很大,但上述研究结果和环境统计年鉴数据都一致类推出环境污染已经产生了相当规模的健康损害,而且有些损失和破坏还是不可逆的。

总的来说,从现实的情况看,我国环境管理存在问题主要表现在以下几个方面。

1. 环境管理缺乏系统观

我国现行的环境保护政策在制定时,很大程度上忽略了环境资源本身就是复杂生态系统上的节点,它们之间存在着复杂的联系。而环境政策制定往往针对单一的环境要素,如大气、水、固体废物等等,不是从环境与资源的系统性出发,缺乏明确的政策目标和协调统一的政策措施,导致许多政策实施难度增大。加之环境政策发展的过程性,在内容上难免有重复之处,甚至有些是互相冲突的,这成为导致环境政策效率低下的初始原因。这方面美国政府颁布的《环境政策法》是一个很好的借鉴。它主要是针对环境立法的混乱局面从整体上来协调环境与政治、经济和社会之间的矛盾。它以统一的国家环境政策、目标和程序改变了行政机关在环境保护上的各行其是、消极涣散的局面,就其作用而言,它规定的环境影响评价程序迫使行政机关把对环境价值的考虑纳入决策过程,改变了行政机关过去的忽视环境价值的行政决策方式[3](王曦,1992)。而我国对拥有这样的一部具有统筹性的环境法律体系是缺乏的。

除此之外,环境管理部门的管理模式也存在分割。工业污染归环保部,农业污染归农业部,污水处理厂归建设部,水管理归水利部,海洋污染归海洋局,沙尘暴治理归林业局……如此等等。缺乏系统观念的考虑导致责、权、利不统一,互相牵制,行政成本极高。国外发达国家政府环境管理已经从专门的、分部门的管理方式发展为积极的、综合的管理方式,把环境因素融于经济决策之中,其政府环保机构不仅发展迅速,而且也被赋予了很高的环境管理职权,有很高的综合决策和综合协调能力。因此,如何成立一个统一的高级别协调机制,组织统一的监测和执法,以提高环境管理的绩效,是摆在当前亟需解决的问题。

2. 环境政策执行的不足

缺乏法制传统是导致我国环境过度性污染的体制成因。带着浓重计划经济色彩的环境政策体系缺乏激励机制,政府办企业的指导思想尚未完全转变,不少政策措施还建立在各级政府的传统计划和行政命令的基础上,建立在主要领导人干预的基础上[4](沈满洪,1997),缺乏举全社会之力对污染行为执行严厉监管的勇气。政府由于担心劳动就业率降低,在面临下令对污染源关闭的措施时显得举棋不定,政绩要求和环保机构权力的有限性,造成了部分地区企业污染泛滥,环保机构靠收取污染费度日的"怪圈"[5](吴荻,武春友,2006)。更有甚者,一些地方政府对当地重点企业实行所谓的"挂牌保护",规定执法部门不准检查,致使辖区内的许多企业借这块"金"字招牌,从事违法排污活动,赚取非法利润。例如,在笔者的家乡,某经济工业开发区的 100 多家企业中绝大多数没有污染防治设施,园区生产生活废水多年来直接排入黄河支流洞河。据国家环境保护部和监察部的调查,该政府自 2002 年以来多次出台有关政策,明确规定对工业园区实行封闭管理,进区企业实行"挂牌保护",拒绝环保部门的监管。

相比较而言日本的经验值得关注,日本从 1971 年设立环境厅,到现在已在全国 47 个都道府县、12 个大市和 85 个政令市设立了环境行政机构,基本形成了以环境厅为核心的全国性一元化行政管理体系。日本环境行政管理上有一个显著的特点,即行政干预有力,主要表现为直接的行政管理以及注重发挥地方机构的作用,通过地方政府对基层情况的"行政指导",将控制公害、补偿制度、污染总量控制等方法由地方率先推广,凡达不到规定基准,或是在规定期限内完不成环境治理项目的企业,唯一的处罚就是令其停产或转产,没有其他的选择[6](吴建华,2004)。这种强势的环保执行力在我国现有的政治体制下面临较大的困难,因此如何构建一个高效、廉洁的政府实施体系是突破环境政策执行力瓶颈的有效途径。

3. 环境政策的差异性与监督的缺失

差异性是导致我国环境过度性污染的政策成因。类型差异,表现为水、空气、固体废物、噪声等主要污染物执行不同的时序标准;空间差异,表现为不同区域、不同流域执行不同的环境标准,存在明显的区域特性,即使在同一流域,位于不同保护区内的污染企业执行的排放标准也不一样;时序差异,我国环境保护法律法规的许多条款虽然都规定了一定的期限要求,但具体到不同区域其实施期限互不相同,产生了政策基准年份的不一致性;城乡差异,随着农村城市化、农业工业化、农民居民化进程的日益加快,环境污染和生态破坏已呈现由城市向农村、工业向农业、居民向农民快速转移的态势,呈现出日益加剧的"逐渐改善的城市环境与逐步恶化的农村生态"非均衡性和强烈反差[7](朱德明,赵海霞,2005)。环境政策执行偏误,使整个社会系统偏离环境资源最佳配置状态,出现低效率运行,导致环境质量退化[8](赵海霞,朱德明,2007)。

由于系统观念考虑的缺乏,各环境管理部门各司其职,加上我国《行政处罚法》第二十四条中"一事不再罚"原则的规定,致使在对环境保护的监督方面难免有缺失和不到位,形成执法成本较高、违法成本却很低的局面,为环境污染行为提供了可乘之机。此外,在现行的行政法律规范中,"政策"享有司法豁免权。我国《行政诉讼法》第 12 条规定,公民、法人或其他组织对行政法规、规章或者行政机关制定、发布的具有普遍约束力的决定、命令,提起的诉讼,人民法院不予受理。这样就使各项执法中的具体政策不受司法监督。结果是政策的执行效力无法得到公正的评估。而其他国家在环境政策监督方面为了保证执法效果,一般都设立具有较强独立性的监督机构,我国仅有的环保机构是无法完全承担这项重任的。

4.缺乏有效的公众参与

公众一直是环境政策的有力参与者,在北美发达国家拥有较为完善的公众参与的程序和规则,以环境影响评价中的公众参与为例,他们通常利用媒体,让公众了解建设项目的情况,号召公众参与相关的听证会,通过听证会听取公众意见,进行答辩,并在环境影响报告书中设立专门的章节论述公众的意见[9](李新民、李天威,1998)。我国的公众参与主要体现在环境影响评价领域,其他方面如,环境政策制定领域中所说的公众参与,绝非是普通的群众,而是在社会上担任一定的职务,有着相关知识背景的专家,因此没有实现全民参与。而事后参与听证的行为无形中又降低了环境政策的效率。此外,由于地域的差异性,我国公众参与的主体集中在东中部沿海地区,层次上主要是学术团体和社会自愿者等,成分主要是受过良好教育或有较好经济基础的人,广大西北部地区由于环保教育落后、贫困等诸多原因公众参与程度相对较低。数据显示,80%以上的公众最近三个月没有参加过环保活动,而参与的公众仅占 6.3%。可以说我国近期实现全面的公众参与依然任重而道远。

公共产品理论认为,私人产品适合于私人提供,即居民自己购买,自己消费。纯公共产品适合于公共提供,即政府购买,居民消费。当环境具备公共产品的属性由居民消费的时候,他们就构成了利益相关者群体。环境保护和环境可持续发展的根本动力在于环境保护的全民参与,而全民参与的基础则是提高公众对环境的认识,使社会的价值观念、政府的决策行为、企业的生产行为以及公民的消费行为等逐步向环境保护方面倾斜和过渡。可以说,没有全民环境行为的改变和参与,生态文明社会建设、可持续发展战略就成为空谈。

1.3　国内外研究述评

在对本研究进行概念的厘定和理论基础阐述之后,需要对国内外已有的研究进行回顾和评述,以便为本文的研究打下良好的基础。

1.3.1　国内外学者对环境问题的认识

对环境问题的产生,国外学者从理论上作过非常深刻地阐释。早在 20 世纪 30 年代,庇古(Pigou)面对英国的环境污染问题提出:生产者只关心其生产成本,而对排污所产生的社会损失并不予置理,致使污染产生者的私人成本与社会成本形成差异,即庇古称之为边际净社会产品与边际净私人产品的差额。庇古认为在不可能通过市场自行消除的情况下,应由国家即政府来采取行动,将污染的社会损失可以征税的方式来解决,即由政府或其他权威机构给外部不经济性确定一个合理的负价格("庇古税"或"庇古费"),以促使外部成本的内部化。这一观点后来不仅成为支持政府干预经济的经典之论,而且还为政府以强制性制度形式参与生态环境管理提供了基本框架[57](Pigou,1932)。20 世纪 60 年代以后,在环境污染更加突出的背景下,"庇古税"成为学术界的共识。此外,达斯古帕塔(Dasgupta)还提出了类似于"庇古费"的"社会贴现率"的概念,并且认为,可再生资源影子价格随时间的变化率,应该由政府按照与"社会贴现率"相等的原则来确定[58](Dasgupta,1982)。科斯(Coase)在研究社会成本问题时提出了环境资源的产权理论,认为只要能够明确环境资源的产权,就可以通过与外部性相关的各方之间进行自发的交易而达到一种有效率的产出。这时并不需要政府的干预,而是通过产权交易或讨价还价的过程协调各方利益的,产权理论对认识环境问题的贡献是环境外部性问题的解决,实际上是一个用何种方式正确地度量和界定利益边界的问题[59](Coase,1960)。哈丁(Hardin)的"公地悲剧"设想说明了个人污染产生的负效应累积汇总后对公地造成毁灭性的破坏,使人们更加注意到环境恶化中环境公共性问题[60](Hardin,1968)。Kneese 等人提出了物质平衡模型,指出环境和其他要素一样包括在投入产出之内,因而在资本总额中积累的那些物质最终将返回到环境中,如果环境自身的净化能力不能降解这些物质,这些物质就产生了环境污染,也就是环境问题。并且认为对于各种污染治理措施只是将最终残余物由一种形态转变为另一种形态,而不能减少残余物的总数量。对环境问题的解决市场运作失灵,完全不具有效率[61](Kneese, Allen V. , 1977)。1987 年布伦特兰委员会向联合国提交《我们共同的未来》研究报告,正式提出了"可持续发展理论",认为解决环境问题不单纯是调整不同主体在利用环境过程中与其他主体间发生的冲突关系,而是要将环境保护上升到社会经济可持续发展的高度,强调通过全社会共同努力促进环境与经济协调发展[62](世界与环境发展委员会,2004)。还有经济学家认为,由于存在"政府或政治缺陷",政府的干预同样可能带来社会损失,政府对于环境活动的行政管制相对缺乏效率,存在优先问题选择误导以及公共选择误区等,不仅妨碍资源的有效配置,而且还可能导致环境破坏[63](Anderson,T. L. and Leal,D. R.,1995)。

与国外学者对环境问题的理论研究相比,国内学者侧重于对我国环境污染的实际问题的分析。邓峰等(1999)认为我国目前的环境状况不容乐观,其中一个重要原因是管理机制不合理,并由此产生了诸多问题,如信息不对称,监督部门很难切实掌握生产者环境污染的具体情况,监督者和污染制造者环保动力不足等等[64](邓峰,马庆国,1999)。蓝东等(2001)认为引起我国环境污染的元凶是工业污染,需要政府治理与企业自觉实践[65](蓝东,胡大立,刘满凤,2001)。许晓明(2004)以浙江省为例,指出环境状况不仅与经济活动相关,还和政府、公众对环境污染的态度有关,尤其是政府在环境问题上负有更大的责任,认为解决我国环境问题需要政府宏观控制并落实到公众的微观行动[66](许晓明,2004)。张敏等(2002)对造成环境污染的经济学原因进行了分析,指出单纯依靠政府干预或单纯依靠市场都难以达到有效率地控制污染,只有通过政府干预,明确环境资源产权,才能利用市场机制优化环境资源配置[67](张敏,姜学民,2002)。蒙肖莲等(2005)提出环境问题可以看作是企业对政府相应政策的博弈,并建立了一种博弈模型的数理方法以帮助决策制定者有效处理环境问题[68](蒙肖莲,杜宽旗,蔡淑琴,2005)。王瑞玲等(2005)定量分析了我国"三废"排放的库兹涅茨曲线成因,指出我国目前的环境质量仍处于"局部改善、整体恶化"的状态,且部分污染物恶化速度有增加的趋势,我国环境质量的改善并不会自动发生,它有赖于全社会环保意识的提高、环境政策的实施和技术进步的支持[69](王瑞玲,陈印军,2005)。潘岳(2005)指出中国环境问题的根源是扭曲的发展观,这种发展观认为单纯的经济增长就等于发展,只要经济发展了,就有足够的物质手段来解决现在与未来的环境问题,在这一错误观念导向下,考核地方政府官员政绩的主要指标是当地的 GDP 增长,各种发展规划都没有考虑对生态环境的影响,以致造成目前我国严重的环境污染状况[70](潘岳,2005)。

1.3.2 政府环境管理的国内外研究

有关政府环境管理的研究,国外学者从理论和实证两个方面进行了分析。理论方面,Linder and McBride(1984)针对政府环境管制对污染者执行效力不足的问题,模拟了政府对环境行为的执行过程,结果发现污染者行为

的不确定性和隐藏性等特征使得政府环境管理陷入低效的处境[71]
(Linder，S. H.，McBride，M. E.，1984)。Beavis and Dobbs(1987)也认
为由确定的环境制度来约束污染产生者随机性的污染排放并不是合适的，
由此造成了政府在实际执行中的管制失效问题，因而应采取更加灵活的管
制方式来控制污染行为[72](Beavis，B.，Dobbs，I.，1987)。Malik(1990)
建立理论分析模型探讨了排污交易许可制度的执行效果，认为污染者对排污
交易许可制度的服从水平较高，该制度的实施推动了政府的环境管理绩效水
平[73](Malik，A.，1990)。Afsah 等人(1996)提出一个理论与现实的困惑，即
理论上通常认为环境管理水平不高的发展中国家，环境污染也普遍严重，但
在更加落后的发展中国家，却依然存在污染产生者按照 OECD 规定的严格的
环境质量标准进行生产的现象，面对这一困惑，研究深入分析并给出了解释：
最优环境管制模型的信息完全和零交易成本的基本假设在现实中不一定存
在，影响了传统命令管制和经济工具的执行；政府不是对污染者施加环境压
力的唯一主体，当地社区和市场组织也在扮演着环境监管的重要角色。Har-
rison and Antweiler(2002)针对学术界提出的不少污染生产者为减少对环境
的影响而采取自愿环保行动一说，采用加拿大国家污染排放记录数据考察了
污染者减少污染排放的动机，结果发现污染者减少污染排放并非是一种自愿
行为，而是受到环境管制、管制威胁和公众压力等各方面影响产生的结果，并
且在这些影响因素中，污染者对管制威胁的反应较弱，但几种方式联合起来
对污染者污染排放制约的影响却很大[74][75](Harrison，Kathryn，1995；Ant-
weiler，Werner and Kathryn Harrison，2000)。

　　实证研究方面，Magat W. A.(1990)和 Laplante B.(1996) 分别考察
了美国和加拿大的政府环保部门执行环境检查对本国纸浆及造纸企业生物
需氧量(BOD)和总悬浮物(TSS)排放的影响。Magat W. A. 的研究表明检
查使这些污染排放量下降约 20%。Laplante B. 的研究表明实际的检查行
动及其可能检查的威胁促使污染者降低了约 28% 的污染排放量[76][77](Ma-
gat，W. A.，Viscusi，W. K.，1990；Laplante，B.，Rilstone，P.，1996)。
Nadeau(1997)的研究也表明政府环境检查显著减少了美国纸浆及造纸污
染巨头违反大气污染标准的期间[78](Nadeau，L. W.，1997)。Dasgupta
S.(2001)分析了中国江苏省镇江市环保部门执行环境检查和征收排污费
对该地区污染排放的影响，表明环境检查有利于减少污染排放，提高环境管
理绩效[79](Dasgupta，S.，Laplante，B.，Mamingi，N.，Wang，H.，
2001)。Motta(2003)通过对巴西 325 个污染单位数据考察了政府的环境
管理，结果表明政府作为控制环境污染的单一主体时，污染者服从环境政策
的意愿较低。此外，部分学者也注意到政府环境管理的内生性问题。Deily

M. E. (1996)和 Dion C. (1998)在分析政府环境管理的影响时,也验证了过去的政府环境管理状况、污染排放水平和时间趋势变量共同决定着当期的政府环境管理力度[80][81](Deily, M. E., Gray, W. B., 1996; Dion, C., Lanoie, P., Laplante, B., 1998)。

国内对这一问题的研究较少,且主要以描述性分析为主。汪涛等(1998)指出政府通过开展环保教育、制定宏观经济管理的有关政策、调整经济体制和经济结构、采取环境保护的经济手段、颁布和实施环境法律法规可以有效激励污染者利用技术创新进行减少污染排放的行为[82](汪涛,叶元煦,1998)。任远等(2000)认为我国政府对工业污染大户造成的点源污染控制方面是有效的,但对分散污染源造成的面源污染控制却收效甚微,主要是受到信息、体制、技术、制度、人才等因素的制约[83](任远,马连敏,2000)。马小明等(2005)认为我国政府环境管理仍以直接的行政控制为主,加之环境管理的信息不对称问题,从而不能从根本上遏制污染排放不断恶化的状况[84](马小明,赵月炜,2005)。林梅(2003)、孙学长(2006)、张一心等(2005)指出政府环境管制的执行不到位使我国环境法律规章形同虚设,缺乏对环境污染行为的约束[85][86][87](林梅,2003;孙长学,2006;张一心,2005)。

1.3.3　公众参与环境保护的国内外研究

国外公众参与式管理模式最早出现在企业管理的行为科学领域。20 世纪50—60 年代,行为科学领域的研究者提出员工参与式管理(Participative Management)的概念,并将其运用在企业内部的小规模组织领域,期望通过员工参与管理的方法激励企业员工,提高决策接受度并灌输组织目标。自此不断有相应的模式选择研究成果出现,1973 年,Victor Vroom 和 Philip Yetton 提出了Vroom-Yetton 模型[88](Vroom, V. H., and P. W. Yetton, 1973)。后来,Sample(1993)对该模型在自然资源决策领域的使用和适用性进行了讨论,对其中的公众参与模式选择程序和应用条件进行了总结[89](Sample, V. A., 1993)。Daniels, Steven 等也运用该模型分析了生态系统基础的管理和决策中的公众参与效果[90](Daniels, Steven E., Lawrence, Rick L., Alig. Ralph J., 1996)。

公众参与的思想也被引入到环境管理主要是在环境影响评价(EIA)领域,之后公众参与在环境领域里的研究不断向广度和深度拓展。在加拿大,Elder 等学者们于 1975 年《环境管理与公众参与》(Environmental Management and Public Participation)文集中,重点就加拿大及其各省的环境政策制定、环境法的执行、环境计划和环境管理中的公众参与的机会做出了判断和评价,系统地介绍了环境参与主体的全部法律责任和义务以及参与的机会[91](P.

S. Elder，ed. Toronto，1975)。美国的 Jonathan 提出环境保护的一种廉价和绿色的新方法就是引入公众参与，这是基于市场体制和产权而非中央计划和官僚控制的有效公平环境政策的获得途径，这将有助于改善环保及降低成本。他呼吁美国人必须确保先进的环境观，这样不会牺牲美国政府创造和要保护的个人自由[92](Free&Green,2001)。此外，有"环境主义"者们也强调将公众的环境权利提升到政治权力的高度，认为公众参与不能仅仅停留在环境领域，而应该延伸到政治领域[93](Robert C，Paehlke,1989)。

随着公众参与在环境领域中实践的展开，开始出现大量的实证研究与案例分析相结合的方法，研究的侧重点包括评价指标的设计、参与过程的公平性、案例的分析、参与过程的分解和评价等内容。在研究视角和研究内容上都比前一阶段更加深入和具体，包括国别差异的体现、环境资源具体项目的差别、参与主体差异等，此外还有大量的文献专门对环境影响评价的效果进行了定量分析，包括评价指标的设计、定量的评价方法等的研究[94](Bond，Alan；Palerm，Juan；Haigh，Paul，2004)。代表性的主要有：Thomas Webler 和 Seth Tuler 依据哈贝马斯的公众参与交往行动理论，对森林管理决策过程的公众参与进行了评价，并推理得出良好参与过程的判断标准[95](Webler and Tuler,2000)。Lauber 和 Knuth 进行了有关公众参与公平性衡量标准的研究。实证数据显示公众对参与过程的公平与否、参与过程的满意与否、决策的公平与否都与他们对环保局的满意度有关[96](Lauber T. B.，Knuth B. A.，1999)。Margaret A. House 对水资源管理的公众参与问题进行了研究，提出水问题的可持续性解决，需要普通公众参与水管理过程才能实现[97](Margaret A. House,1999)。Luca Del Furiaa 和 Jane allace-Jonesb 对意大利的环境影响评价中的公众参与效果和实践进行了研究。首先明确指出了公众参与环境影响评估程序的"目标"和影响公众参与效率的"因素"，在此基础上构建了评价参与效果的一系列指标，然后运用 Monfalconc 和 Verrone 两个案例就这些指标进行了分析，最后建议给予广泛的参与机会，来提高公众参与制度的有效性[98](Luca Del Furian，Jane Wallnce-Jonesb，2000)。

在 John W Delicath 等出版的《环境决策制定过程中的交流和公众参与》(Communication and Public Participation in Environmental Decision Making)一书中，研究了美国及其他一些地方在有关制定环境决策中起作用的人的信息交流过程。认为公众参与尽管没有找到环境管理具体的执行举措，但总可以找到一个最优的选择或是合理的案例，还比较了核清理项目中公众参与委员会的成功与失败[99](John W Delicath，Marie-France Aepli Elsenbeer，Stephen P Depose，2004)。

国内有关公众参与环境保护的早期研究始于 20 世纪 90 年代,多为对该问题的基本认识和规范性研究方法的介绍,陈焕章提出人类的环境意识或环境文化是文化价值的选择,普及公众的环保知识和环境意识,唤醒人们对社会公共利益与长远利益的关心,引导公众维护有关保护环境的政策、法律是实施环境管理的根本和基础[100](陈焕章,1992)。叶文虎强调环境影响信息的解释和传播比较流行的方法是公众参与,并对各种公众参与办法进行了多种分类,认为公众参与正在日益成为 100 多种已经使用的环境影响评价方法的重要组成部分[101](叶文虎等,1994)。杨贤智和曲格平提倡发挥群众在环境监督检查中的作用,由政府命令强制控制的环境保护方式转向公众参与及社会调节机制相结合的新型的环境管理模式[102](杨贤智,1990;曲格平,2005)。学者们在公众参与环境保护的观念上已基本达成了共识。

张世秋从中国社会制度转型对环境管理的需求出发,论述了环境管理制度从部门管理向公共管理转变的必要性,以及存在的驱动力和必然性[103](张世秋,2005)。马晓明从博弈论角度出发,建立了环境谈判模型,阐明了公众收入效应、普遍存在的环境产权不确定性、信息非对称性对环境谈判均衡结果的影响[104](马晓明,2003)。许晓明按照成本效用原则构建了公众参与效用函数,认为政府应该采取措施增加群众的参与效用,同时降低参与成本,才能提高公众参与的积极性[105](许晓明,2004)。昌敦虎等指出解决环境问题,在不断发展新技术的同时,更应把握环境问题的社会性,强调保证公众参与的广泛性和有效性,要求充分利用其多学科交叉的方法论,解决人类社会系统与自然环境系统互动中产生的各种问题[106](昌敦虎等,2004)。

另外,也有理论研究还推向了环境保护的细节层面,包括了对环境影响评价、水流域、环保 NGO 的专题研究。环境影响评价不仅涉及科学判断,也涉及价值判断,并与各个环境价值主体的利益息息相关。与环境有关的公众是环境价值主体中不可缺少甚至是最重要的组成部分[107](田良,2004)。在一定意义上讲,公众的评价主体地位是不可替代的,专家和权威部门的科学评价不但不能完全代替公众的评价,而且只有充分考虑了公众利益的专家意见才是科学和合理的[108](张辉,1996)。宋言奇认为,环境管理是一个系统工程,非政府组织参与应成为政府管理环境的辅助机构,进行污染监督者,是政府与群众沟通的桥梁[109](宋言奇,2006)。江剑平等从加强与环境管理相配套的制度建设角度出发,提出一套完善环境管理机制的建议[110](江剑平,袁雄,2005)。

1.3.4 公众参与影响因素的相关研究

1. 国内外研究概况

基于对公众参与在环境保护中所起积极作用的广泛认同,国内外学者对如何激励公众参与都很感兴趣,许多研究对公众参与的影响因素进行了理论与实证的分析。

在实证主义传统的影响下,有关公众环境参与的影响因素,国内外学者都作了大量的研究。纵观已有的文献,可以发现国外具有代表性的观点主要有:

Maloney&Ward(1973)将人群分为环保社团成员、大学生和一般公众三组,研究了这三组群体的环境意识,认为在各项调查指标中,环保社团成员得分最高,之后是大学生,他们的表现又优于一般公众,三组间彼此表现出明显的差异。证实了参加环保活动及受教育程度对环境知识、环境态度及环境行为的影响作用[132](Maloney M. P. & Ward M. P.,1973)。

1978 年 Dunlap 与 Van Liere 提出了包含 12 个题目的 NEP 量表用于测量环境关注(也称环境态度)。NEP 及其量表从建立之日起得到了环境行为研究领域的学者普遍接受和不断的修正,许多学者都证明了 NEP 与各种环境行为具有显著的相关性[133][134][135][136](Vining J,Ebreo A,1990;Sehultz P. W.,Zelezny L.,1999;Blake,D. E.,Guppy,N.,Urmetzer,P. 1997;Ebreo,A.,Hershey,J.,Vining,J.,1999)。

Borden(1984)认为环境态度最能够预测一个人是否会参与环保活动。他还指出,个人在口头上陈述日后可能发生的环保行为,主要来自于其情意上的反应,而实际付诸行动的层次则与环境知识与环境态度有很大的关系[137](Borden R. J. 1984)。

Arcury&Johnson 1987 年对美国肯塔基州的居民的环境意识调查发现,居民对具体的环境问题认识能力较低,对特定的环境问题如水污染的知识低于一般性的环境知识。调查结果同时显示:环境知识的高低与受教育程度呈显著的正相关,而女性的环境知识低于男性,居住于城市里的居民具有较多的环境知识;年龄与环境知识水准成反比[138](Arcury,T. A. & Johnson,T. P.,1987)。Blum(1987)比较分析了不同国家之间在校学生的环境知识和环境态度,发现除性别因素外,学校的类型也对学生的环境知识和环境态度产生影响[139](Blum A.,1987)。Hines(1987)将环境态度区分为两类:即一般态度(general attitude,针对环境本身的态度)和具体态度(specific attitude,针对环境责任行为的态度)。Hines 等人通过研究进一步指出,两种环境态度和环境责任行为都相关,但具体环境态度更具有预测效力,一般环境态度与具体环保行为之间的相关系数平均只为 0.35[140] (Hines, J. M., Hungerford, H. R. & Tomera, A. N.,1987)。Eckes and Six(1994,引自 Bamberg,2003)也发现一般环境态度与具体环保行为的相关系数仅为 0.26。Frick 等将环境知识分为系统知识(事实知识)、行动知识(如何行动)和效力知识(行为后果知识),认为系统知识对环保行为没有直接影响,而行动知识和效力知识存在较大的直接影响,相比较而言,行动知识比效力知识的影响更大一些[141](Bamberg, S.,2003)。Dasgupta等人(1997)基于个体效用函数理论,以中国地区为背景对公众参与行为进行了分析,结果显示公众参与程度受收入和教育水平的重要影响[142](Dasgupta, S., Wheeler, D.,1997)。Paraskevopoulos(2003)在对希腊萨洛尼卡市居民的问卷调查分析后发现,经济、制度、价值信仰、信息状况等因素对公众环境态度有着重要影响,而文化背景差异的影响却并不显著。Jeong and Geistfeld(2005)采用 Logistic 模型分析了环境态度、预期行为结果、知识水平、年龄、性别、种族、住址所在社区类型、婚姻状况、家庭总收入等因素对美国公众环保支付意愿的影响,结果表明环境态度、预期行为结果、年龄对公众环保支付意愿具有显著影响,公众环境保护责任感越强,预期环保支付行为带来的环境改善效果越好,公众环保支付意愿就越强,而随着年龄越大,公众环保支付意愿逐渐降低[143](Jeong Hee Yeo, Loren Geistfeld,2005)。

　　国内实施有关公众环境参与的实证研究始于 20 世纪 90 年代末。主要通过使用案例分析和对不同群体进行大规模的问卷调查和采用静态分析与相关性分析相结合的方法,对我国公众参与环境管理的情况进行案例介绍和定量描述。主要的研究有:吴祖强对上海市 11 个区组织进行了市民环境意识问卷调查[144](吴祖强,1997);赵秀梅等对首都的学生环保社团进行了专门研究[145](赵秀梅,肖广岭,1998);郗小林等认为公众参与积极性不高是因为公众参与观念较为薄弱,表现出对政府的高度依赖性;并且,长期以来政府为公众包办一切,经常不重视公众意见,不鼓励和支持公众自发的、正当的环境保护行为,更强化了公众参与的消极态度[146](郗小林,樊立宏,邓雪明,1998)。中国香港学者 Chung Shan-shan&Chi-sun Poon(1999)[147](Chung S. S., Poon C. S.,2000)调查了 758 位广州市民关于垃圾减量化的环境态度,实证了公众环境意识与环境参与行为之间的关系,调查显示,具有较低环境意识的市民也很少主动采取垃圾管理行为。张世秋分析了我国中小城市妇女对环境保护的知晓程度、对环境问题的认知水平、环境保护意识现状以及妇女的环境消费[148](张世秋等,2000)。李莹等从社会经济因素对北京市居民为改善大气环境质量而付费的支付意愿进行了调查[149]（李莹等，2002）。曾昭鹏（2004）对高师学生的环境素养进行了测评。侯小伏（2004）[150]、李艳芳（2001）[151]、肖曼（2004）[152]、李新民（1998）[153]分别对英国、美国、日本、西方国家、北美自由贸易区的公众参与环保经验作了介绍性的研究。问泽霞对上海某钢铁有限公司年产螺纹钢建设项目环评中的公众参与过程和效果进行了定量分析[154]（问责霞，2005）。乔榛从环境效用角度分析了人们对环境污染和治理的行为选择[155]（乔榛，2005）。孙岩从四个维度对环境行为进行了建构，在此基础上开发出研究居民环境行为及其影响因素的测量量表，以大连市居民为实证分析了我国公众实施环境行为的总体水平[156]（孙岩，2006）。刘建国（2007）对兰州市居民的环境意识和环境行为进行了调研，研究了居民环境意识和环境行为之间的相互影响[157]（刘建国，2006）。王凤分析比较了陕西和广东两地居民的环境意识和环保行为差异[158]（王凤，2008）。洪大用更是在1995年和2003年对我国居民的环境意识展开了深入的调研，同时对NEP量表在中国的应用进行了改进，利用改进之后的NEP量表从不同层次对居民的环境关心进行了综合评判，对我国居民环境关心的性别差异进行了系统而详尽的分析[159][160][161]（洪大用，1998，2005，2007）。钟毅平[162]（钟毅平，2003）、陶文娣[163]（陶文娣等，2004）分析了我国大学生的环境意识和环境参与行为。邹骥、周景博[164]（周景博，邹骥，2005）、蒋妍[165]（蒋妍等，2008）对北京市民的环境意识和环境行为进行了调研。

2. 有进一步研究的空间

通过对有关公众的环境参与能力文献综述的分析，笔者发现在已有的研究中，多是对公众环境意识和环境行为所包含的内容进行不同的设计，并进行描述性统计，以说明环境认知、环境态度对参与环境管理行为的影响程度。同时在对公众环境参与影响因素的实证研究中，学者们多是从公众微观的个体层面展开讨论，考虑了公众个体特征等内在因素对参与能力的影响，并且这种讨论在早期的研究中往往得出不是很一致甚至是相反的研究结论，靠近晚近的文献才出现趋向比较一致的描述，即在性别、年龄、受教育程度、职业以及收入等公众个体禀赋层次得出趋近一致的研究结论。相对忽略区域结构层面政府管制的外部力量可能对公众参与行为的影响。

事实上，影响公众环境意识水平的因素很复杂。除了个人禀赋的影响因素之外，区域社会结构的因素是否对公众环境参与能力产生影响？这是笔者想要求证的问题。正如洪大用所说，公众环境参与能力影响因素除了"个体层次的因素之外，还有结构层次的因素"同[160]，具有相同个人禀赋如性别、年龄、受教育程度、职业等的群体,但处于不同的区域社会结构层次中,环境参与能力应该依然表现出差异性。"从个体层次看,一个人的环境意识水平有可能受其性别、年龄、文化程度、收入水平、职业类型、工作单位、家庭居住地以及宗教信仰等因素的影响和制约。"从结构层次看,公众的环境参与能力还受一个社会的"经济发展水平、环境问题状况、环境科学发展水平、主导价值观念、政府管理体制、大众传媒的渗透程度、环境教育的普及程度以及环境保护工作的力度等因素影响"同[160]。因而,这两个层次的因素对我国公众的环境参与能力共同起作用。

1.3.5 面向公众参与的政府环境管理绩效研究方法

1. 定性研究的进展

研究政府环境管理就必须考量政府环境管理的绩效。目前,对公众环境参与和政府环境管理进行绩效评估的研究存在着定性研究和定量研究两种不同的研究类型。绝大多数关于公众环境参与和政府环境管理的相关研究还是定性研究,即从理论层面对该问题进行研究,进行研究的学者们首先在理论上阐述公众环境参与和政府环境管理绩效的现实情况,然后对缺失问题的表现和原因进行分析,进而对如何提高二者水平,通过政府环境政策对公众环境参与产生的激励作用给出建议。专家们普遍认识到了我国目前公众环境参与缺失和低水平政府环境管理绩效给环境管理带来的危害性,也分别从公民个人禀赋方面对公众环境参与进行研究,分析了导致公众参与能力缺失和政府环境管理效率低下的原因,同时提出了如何提高公众环境参与能力进而提高政府的环境管理绩效的各种方法。针对当前我国政府环境管理频繁出现的各种问题,各学者从不同的角度来看,主要有以下认识:①范柏乃认为,以人民群众满意为导向原则评判政府绩效,是政府绩效评估的一种新形式和新机制,反映了世界各国政府市场化改革的发展趋势,体现了人民当家作主的社会主义政治本质,对加强政府与人民群众的联系,增强政府服务意识,改善政府服务质量,提高政府的服务效率,树立政府的良好形象具有重要的作用[171](范柏乃等,2004);②高洪成认为,作为服务对象的人民对于政府的绩效有切身的感受,虽然他们可能没有什么专业的评估技能,但作为服务对象的个体,他们可以从自身的感受来判断什么服务是他们所需要的,这恰恰是政府最容易忽视的地方,也是政府绩效评估最有待于加强的地方[172](高洪成,2005);③孙彩红等认为,近年来对政府的绩效评估,缺乏以公民为主体进行系统研究,因此应加强对中国特色的公民参与绩效评估的途径以及评议主体与评议对象互动关系的研究等[173](孙彩红,贠杰,2007);④还有专家在公民参与的地方政府绩效评估中进行了存在的问题及障碍因素研究,例如,吴建南指出:评价对象和指标与评价主体的性质、能力不符,评价组织与实施的独立性和专业性不足,评价结果重在考核本身而非绩效的改善,是目前我国"公民评议政府"中存在的一些不足[174](吴建南,庄秋爽,2004)。何会涛指出,在传统行政管理模式向现代管理模式转变的过程中,公民参与政府绩效评估存在着意识、制度、知识技术三个层次的障碍[175](何会涛,2005)。孟华指出,在目前我国,政府绩效评估的民众基础相对薄弱,民众监督政府的意识与行为欠缺,民众参与的渠道也不是很通畅。薄弱的民众基础是中国政府绩效评估进一步发展的重大障碍,它不但不利于绩效评估的健康推进,也不利于这一实践的持续发展[176](孟华,2005)。

2. 定量研究的进展

在理论分析的同时,也有越来越多的学者使用定量方法对公众环境参与能力和政府环境管理绩效进行分析,并对具体数据进行处理,希望能够找到影响公众环境参与能力和政府环境管理绩效的因素,以建立一个操作性良好的激励作用机制。目前,使用定量方法研究该问题的还不多,主要是对公众环境参与水平和政府环境管理绩效水平进行一些评价,所使用的定量方法主要有以下三种:①利用民意调查和测验对公众环境参与能力和政府环境管理绩效进行评价。这是当前经常使用的一种方法,通过公民对调查表的回答来了解公众环境参与能力的高低,让公众对政府环境治理的效果进行评价。②从经济学的角度对政府环境管理绩效进行评价。运用环境经济学的理论,如"投入—产出"(DEA)法建立政府环境管理绩效评价体系,这种方法涉及对经济效率、政府财政收支的综合评价。③利用数学模型对政府环境管理绩效进行分析。这种方法应该是政府相关研究领域今后发展的重点方向之一,但目前对于这方面的研究还比较少,资料不多,其中有代表性的是彭国甫建立的平衡计分卡模型,用来评价地方政府公共管理的绩效[177](彭国甫,2004)。另外许多学者分析了能够用来衡量政府绩效的指标,通过对指标的打分来对政府绩效做出评价。比较典型的有《中国政府绩效评估研究》课题组提出的中国政府绩效评估模型,其用 33 个指标来评估政府的绩效[178](刘伟,2008),对于政府环境管理绩效的研究来说,也是如此。

3. 对现有研究的总结

虽然当前对公众环境参与和政府环境管理绩效的研究成果较多,但把这两者结合起来以探究公众环境参与对政府环境管理绩效的激励研究在目前还鲜见。论文前面的论证也充分说明了在环境管理中政府和公众之间的密切联系,我们不难看出,公众环境参与能够作用于政府环境管理,政府环境管理也能反作用于公众环境参与。此外,依据可持续发展理论,人人享有良好生活与环境的权利。如果政府决策不当或管理失误,将会给公众带来重大损失,损害其环境权益。因此,政府建立环境管理体系致力于提高公众的环境意识,鼓励广大公众积极参与到对当地环境与发展的管理之中。公众的环境参与能力往往能够影响国家环境政策的制定。从理论上说,政策是公众意志的体现,在西方国家是公众对环境的积极参与引导着政府的环境政策[179](林军,2002);更为重要的是,公众的环境参与能力直接影响到环境政策的实施效果。由于人们的环境认知左右着其环境参与态度和行为,不同的环境参与能力也就决定了人们对政府环境治理的不同反应,从而影响到政府环境治理的效果。所以,一个地区公众的环境参与水平,就决定了当地环境管理的基本特点以及环境治理的效果。所以,如果把两者放到一起进行研究,证实公众环境参与对政府环境管理绩效确实有激励作用,那就会更加清晰地看到通过某种措施使两者同时提高的可能性,对于今后如何提高公众环境参与水平进而提高政府环境管理绩效大有帮助,一举两得。

1.4　文献评述

以上研究成果,充分反映出社会科学工作者对于环境问题的关切和重视,为本文的进一步研究奠定了良好的基础。同时也可以看出,一个针对政府管理与公众参与相结合的新的环境管理研究领域正在形成,其研究成果不仅对于环境管理实践有着重要的指导价值,而且也大大地拓宽了环境社会学和环境管理学的研究空间。但与现实生活中环境管理的大量实践问题相比,现有研究对现实问题的解释和回答是远远不能令人满意的,在一定程度上甚至还存在着相当的缺陷或不足。

首先,现有研究从环境保护出发,多是一些对政府的环境管制以及公众参与现状的描述性判断,尚未将公众参与能力考评纳入政府环境管理的体系进行分析,环境保护是为了防止或解决人为的环境污染和破坏的问题,忽视激励公众参与环境保护的政策设计与执行效果的评价,事实上已经影响了环境管理制度理论研究对于实践的解释力和预测力。

其次,现有的对环境管理活动的研究多从环境政策研究的层面展开,这种以规范研究为特色的研究方式,在学术性或理论深度方面显得不够。一般来说,政策研究以规范研究为特色,制度研究则以实证分析为特色。国内关于公众参与制度的研究刚刚起步,对公众环境参与实践效果评价的缺乏,使得隐藏在影响公众环境参与背后的制度性因素难以凸现。政策研究往往可能会提出若干对策或建议等,即回答"应该如何"的问题,至于为什么必须如此,则多避而不谈。由于政策研究所提出的"处方"大多缺乏相应的实证分析,所以普遍存在着主观性较强、操作性较差等问题。而制度研究恰恰是要回答"是什么"和"为什么"等问题的。公众参与制度以实证分析为特色,其成果为环境管理的研究提供了坚实的理论基础。但现实中实证性研究明显不足,在一定程度上妨碍了环境管理研究走向深化。

最后,虽然对环境污染的治理需要全社会努力,并强调环境管理的过程控制,但现有的环境管理考评指标设计却是以结果作为评判依据的,运用环境社会学与环境管理学的理论与方法,全面、系统地考察政府环境治理的效果,将影响公众参与的因素纳入政府环境管理评价体系的考评之中,不可避免地要对政府的环境管理效益评价由单纯的重视末端治理效益进而转向追求过程治理效益和末端治理效益并重上来,这对全面提升社会的生态文明程度是十分必要的。

1.5　研究内容

全文共分七章。

第一章,绪论。本章在提出研究背景的基础上,分析了当前我国政府环境管理存在的问题,提出本文的研究思路、方法、内容和可能的创新点。

第二章,相关概念和理论基础。在对公众环境参与能力和政府环境管理绩效有关概念做出厘定的基础上,阐述了政府环境管理的治理理论、公众参与理论和绩效评价理论,分析了公众参与环境管理的理论依据和现实动因,最后将国内外学者对环境问题的认识、政府环境管理和公众参与环境保护问题的国内外研究进展进行梳理和述评。

第三章,政府与公众在环境管理系统中的作用。本章对环境管理进行了系统学的分析,剖析了政府因素和公众因素在环境管理系统中的作用,着重对政府主导型环境管理模式和公众参与环境保护的行为模式进行阐述,并对他们在环境管理中的相互作用进行了博弈分析。

第四章,影响公众环境参与能力的社会结构分析。本章以社会结构理论为研究视角,在对当前我国公众环境参与能力的成长和现状进行客观描述的基础上,分析了影响公众环境参与能力的区域社会结构因素,为建构面向公众环境参与的政府环境管理评价体系做基础铺垫。

　　第五章,面向公众参与的政府环境管理绩效评价。社会系统本身结构及运行复杂性,决定了影响公众环境参与能力社会结构因素的复杂性和广泛性,在对影响公众环境参与能力区域结构因素进行假设检验之后,将有效的、高相关度的指标作为影响公众参与能力的区域经济社会结构因素,纳入政府环境管理绩效的基础评价指标,构造出面向公众环境参与的政府环境管理评价指标体系。

　　第六章,面向公众参与的政府环境管理绩效结构方程研究。本章首先在对构造出的面向公众环境参与的政府环境管理评价指标体系进行结构方程检验,以验证模型设计的合理性,之后,对我国政府环境管理的绩效从多方面进行综合测评。

　　第七章,结论与展望。在综合测评的基础上得出我国各地区政府环境管理的实际相对水平,有针对性地提出提高不同区域政府环境管理能力的政策建议。

1.6　研究思路、方法和技术路线

1.6.1　研究的思路

　　社会科学和环境管理科学同属宏观科学,它们之间有很多共同点,因而在社会学中的一些概念和原理就可能为环境管理提供新的透镜,为研究和解决人类社会的某些问题开辟一条新的研究途径。在西方学术界,伴随着环境保护运动的兴起,社会学家开始探讨环境问题的社会根源是什么,以及如何建立新的行为模式和态度范式。其中,对于环境参与行为研究成为该领域研究的核心和主流,研究涉及了心理学、教育学、政治学、环境与资源管理以及建筑学等多个学科[10](Dunlap R.,2002)。公众环境参与研究的目的不仅在于改变人们的环境行为,实际上也希冀藉此改变人们的生活方式、社会的主流价值观念以及社会和经济发展模式。同时将影响公众环境参与的因素纳入政府环境管理的评价体系,将有助于政府在环境管理工作中着重加强提升公众参与能力的努力,真正实现政府和公众共同参与环境管理。

　　本研究针对我国环境管理制度不断完善而污染排放仍居高不下的困惑,以政府对环境管理制度的执行和公众的环境参与能力现状调查为基础,分析影响公众环境参与能力的社会结构因素,设计出面向公众参与的政府环境管理评价模型,并对其进行评价,揭示政府和公众在环境管理实施过程中存在的问题,提出提高政府环境管理绩效的有效措施。具体来讲,主要对以下问题展开分析:政府环境管理、公众环境参与的现状如何? 政府和公众在环境管理系统中是如何作用的? 哪些社会结构因素影响了公众的环境参与能力? 为什么现实中政府和公众对污染行为缺乏有效控制? 对此还需要进一步剖析政府环境管制乏力和公众参与程度较低的原因。把这些问题厘清之后,构建面向公众环境参与的政府环境管理指标体系并进行评价,最后对提高公众环境参与能力和政府环境管理能力提出符合当前国情的政策建议。作为具有本土化特点的研究,公众的环境参与行为必须与被研究对象的制度背景紧密结合才能得出有价值的结论,而我国公众环境参与行为的研究刚刚起步,政府环境管理绩效的综合评判也是一个崭新的议题,有待深入展开。

1.6.2 研究的方法

本文根据研究的需要运用了以下几种研究方法。

(1)规范分析和实证分析相结合的方法。在分析公众环境参与能力的影响因素时,运用社会结构理论进行理论规范分析可能对公众环境参与能力产生影响的关键因素;同时对所提出的理论分析,利用大规模的问卷调查对我国公众环境参与的实践进行必要的实证检验。

(2)定性分析和定量分析相结合的分析方法。在建构面向公众参与的政府环境管理评价指标体系过程中,指标体系的选取要充分运用定性分析和定量分析相结合的方法,在定性提出指标体系后,还要选定合适的数学统计工具对其进行假设检验,并对已经确定的指标体系进行定量化研究。

(3)多学科综合的研究方法。面向公众参与的政府环境管理研究,涉及较多的学科,需要多学科的综合。公众环境参与理论涉及社会学和环境社会学理论,还涉及社会结构理论,政府环境管理绩效评估理论涉及公共管理理论,在定量研究的过程中更是要涉及高级数理统计等众多应用数学和计算机科学作为构建和求解定量模型的有效工具。因此,面向公众参与的政府环境管理研究必然要采用多学科综合的方法。

(4)资料的搜集与分析方法。本研究主要使用的搜集资料的方法是文献法和问卷调查法。主要是考虑研究方法和研究对象的适应性,以及由研究对象的特点决定的。文献的收集分为两部分:一部分是理论方面的文献,包括与研究主题相关的理论书籍及文章;另一部分是国家统计局颁布的统计年鉴中公布的数据资料。分析资料主要采用统计分析的方法。问卷调查来自中国人民大学和中国社会科学院的有关调研数据。在研究中调查问卷和统计资料中的数据向我们展现了一个社会结构与公众环境参与相观联的轨迹。在分析过程中,不是抽象地从理论到理论,而是从经验研究中的事实得到理论;不是由理论到理论的推理,而是由大量的事实印证出来。在论述每一个问题时,都尽可能地引证事实资料,但不罗列资料,而是力图把事实资料交织在理论体系之中,使事实资料成为理论分析中必不可少的根基,由此得出的结论也就成为逻辑的自然归宿。

(5)实践导向的研究方法。学以致用,任何研究的最终目的都是为了应用。面向公众参与的政府环境管理研究,其研究目的是进一步提高政府的环境管理服务水平,指导政府环境管理的实践,并对管理当局提供真实可靠的、科学的管理决策和预警,是本着实践导向的原则来开展研究的。

1.6.3 技术路线图

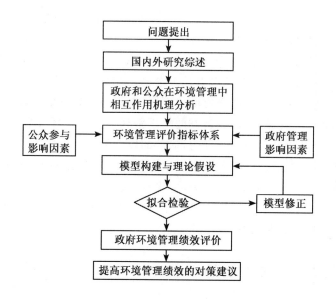

图 1-1 技术路线图

Figure 1-1 Technology Roadmap

1.7　本文的特点和可能的创新

1.7.1　论文特点

在当前研究阶段,面向公众环境参与的角度分析设计我国政府环境管理的评价指标体系,并对政府的环境管理绩效进行综合评估具有较大研究空间,论文通过分析影响我国公众环境参与能力的结构层面因素,在此基础上建立面向公众环境参与的政府环境管理评价指标体系,并对我国的政府环境管理绩效进行了综合实证分析,试图分析影响政府环境管理绩效的深层次原因。

在综合运用宏观分析与微观分析、规范分析和实证分析、定性分析与定量分析相结合方法的基础上,具体采用了统计学分析和运筹学方法。研究数据主要运用 SPSS16.0 统计软件、MATLAB 和 LISREL 计量软件进行处理。研究的数据主要来源于以下几个渠道。

(1)作为 CGSS2003 基金资助的项目,论文一部分数据来自 2003 年《全国综合调查——环境卷》原始调查的一手资料。另外一部分数据来自 2007年《公众环境意识暨环境参与能力调查》的原始数据。

(2)通过《中国统计年鉴》《中国环境年鉴》《中国环境统计年鉴》及有关政府工作报告中获取相关数据和环境管理的统计资料。

(3)通过 ProQuest 硕博论文网、中国期刊网、中国优秀博硕士论文网等获取相关二手数据和资料。

1.7.2　论文可能的创新

1.研究视角的创新

本研究构建了政府环境管理和公众环境参与的理论和实证分析框架,不再局限于仅从污染者、政府或公众某一个角度来分析环境问题,而是全面考察政府和公众在当前环境管理中的表现,揭示公众参与和政府管理对环境治理的作用,为合理解释产生污染行为的必然性以及政府管理、公众参与对控制污染行为的重要性提供重要支持。

2.分析方法的创新

以往的文献研究对政府环境管理和公众参与行为的分析多采用定性分析的方法,个别研究在定量分析中衡量政府环境管理绩效只是采用了单个指标来反映,侧重于对结果的分析而不是过程,对公众参与影响因素的剖析多是从个体层面展开。论文选择借鉴社会结构理论,用环境社会学的基本分析方法,在对影响公共环境参与能力的因素进行区域社会结构层面的分析之后,试图发现影响公众环境参与能力的区域社会结构因素。在此基础上初步设计出面向公众环境参与的政府环境管理概念模型,并利用结构方程将模型建构的合理性予以检验,得到面向公众参与的政府环境管理绩效模型。

3.研究结论的创新

通过建构面向公众参与的政府环境管理评价指标体系,文章尝试发现影响政府环境管理能力的公众因素,并对政府环境管理绩效进行多方面综合评价,以得出有积极意义的结论。

需要说明的是,论文并非要将环境管理的问题纯粹地归结为政府和公众的原因——而且显然也无法纯粹地归结为政府和公众的原因——而是基于目前污染治理问题研究中相对忽视从政府和公众的维度进行分析的状况,对仅从政府和公众在环境管理中的作用做出探索。据此,论文将试图探究导致目前环境问题形成的诸多原因中的政府与公众因素,发现环境治理变迁过程中的政府管理绩效与公众环境参与的逻辑,并进而尝试发掘改善当前我国环境管理绩效的政府与公众路径。在此过程中,对影响我国环境管理发展的政府管理绩效和公众环境参与能力进行考察是论文的重点所在。由于我国正处在快速的经济发展和剧烈的社会变迁之中,政府在面对复杂而难以控制的环境污染时的治理举措有时会相对滞后甚至失灵,公众在应对环境污染过程中的行为逻辑也呈现出混乱的局面。将如此复杂的政府环境管理与尚属初步的公众环境参与结合起来进行研究,难免有驾驭不力,挂一漏万之虞。但是,大胆的尝试总是很吸引人的事情。希望论文的努力是有意义和有价值的。

1.8　本章小结

提出本文的研究背景,对政府环境管理的现状和存在问题进行描述和分析,指出存在的不足,以明确本研究的目的和意义,阐述论文的基本框架、主要内容、研究思路和技术路线,突出本研究的特点并探讨研究可能存在的创新。

第2章 相关概念和理论基础

2.1 相关概念的厘定

2.1.1 公众环境参与能力

1.公众环境参与能力的内涵

现代社会格外强调公民个人以及群体的主观能动性,并称之为市民社会、公民社会,即国家权力体制外自发形成的一种自治社会形态:为了实现心中的理想,公民个人以及群体能自由组织起来,在法律法规的框架体系之内自由选择方向,努力地工作、不懈地奋斗,出一分力、发一分光。

公众参与(Public Participation or Citizen Participation)的概念由来已久,然而关于公众参与能力的表述却较少论述。1992 年联合国里约热内卢环境与发展大会通过的《21 世纪议程》认为"公众的广泛参与是实现可持续发展的重要条件之一"。世界银行指出,"参与"是一个过程,利益相关者(stakeholders)只有通过这个过程,才能共同影响并控制发展的导向、决策权和他们所控制的资源[11]。拉美经济委员会认为,参与是人们对国家发展的一些公众项目的自愿贡献,但他们不参加项目的总体设计或者不批评项目本身的内容[12](Edwards M.,1984)。Pearse 和 Stiefel 认为公众参与是人们在给定的社会背景下为了增加对资源及管理部门的控制而进行的有计划、有组织的努力,他们曾经是被排除在资源及管理部门控制之外的群体[13](Friedmann J.,1992)。

由以上的代表性观点可以总结出,公众参与是各利益群体通过一定的社会机制,使更广泛意义上的公众尤其是弱势群体能够真正介入到环境管理决策制定的整个过程中,实现资源公平、合理配置和有效管理。现代参与式管理更加强调过程参与,远不是早期的决策参与那么简单;在参与过程中也更重视目标群体的主体地位,注重对参与者赋权,特别是考虑弱势群体利益。作为实施可持续发展战略的一项重要措施,公众的参与方式和程度,将决定环境管理目标实现的程度和进程。同时,作为法律监督的重要手段之一,公众通过环境决策、环境信访、环境诉讼等法律途径参与环境管理监督,是政府行为的一种补充[14](王库,2008)。因此,参与者所具有的参与能力也显得至关重要。

迄今为止,由于公众环境参与尚无一个公认的定义,对公众环境参与能力的研究也不好给出公认的权威概念。有关公众参与能力的论述最初指的是公民的政治参与能力,即公民对于一项政府决策的政治影响和参与的程度[15](王彩梅,2006)。学者们的研究大致从公众参与的核心观念内容构成、层级分类等角度对公众参与的内涵做出了界定。20世纪80年代后期,随着环境问题在我国逐步彰显,公众开始参与到环境管理的事务中来。公众在环境管理领域内的参与,表现为其参与环境管理的程度和水平,主要反映在国人对待环境问题敏感与认知的积极性方面,因此也有人将公众的环境敏感程度和认知能力,以及对待环境问题的态度称之为公众的环境意识或者环境关心[16](洪大用,2007)。但本文认为,除上述内容之外,公众的环境参与能力最终还应体现在他们参与环境保护的行为习惯上,因而本文讨论的公众环境参与能力主要包括公众在参与环境管理的过程中对环境问题的敏感程度和认知能力,以及对待环境问题的态度和行为的综合方面。

由于公众环境参与能力具有丰富的内涵,覆盖面太广,而且需要与时俱进的理解,所以,在这里概括出一个精确的、通用的定义不太现实。但开展理论研究的起点又要求必须从定义开始,所以应根据环境教育、环境保护理论研究和实践的需要,概括出环境参与所应包含的内涵、维度,以体现公众的环境参与能力。基于这一思路,文章主要从三个方面考察公众环境参与能力。

(1)环境敏感度。环境参与能力首先是一种对环境问题认知的敏感度,是人们对环境进行正确的认识和评价的根本条件,组成公众环境参与能力的基础。

(2)环境参与态度。环境参与态度体现了公众对环境保护的一种个人行动意愿,是公众对待自己周围生产和生活环境的主观行为倾向,反映了人们的环境伦理观和道德观,是环境参与能力的核心。

(3)环境参与行为。环境参与行为是公众保护环境的基本经验和行为习惯,它是公众环境参与能力中重要核心因素,公众对环境问题的敏感度和环境参与态度将最终落实在其环境参与行为上。

在公众环境参与能力的三个维度中,存在相互影响、相互促进关系。其中环境敏感度是基础,环境参与态度是核心,环境参与行为是关键,一个人对于环境问题的认知将决定其实践环境保护行动的动机、目的。反过来看，人们参与环境保护的实践将有助于提高其环境认知，改变其不正确的环境观和行为意向。综合而言，公众的环境参与既是一种结果，更是一种能力：参与环境管理的人应具有正确的环境认知、健康的环境伦理观和道德观、掌握和养成科学的环境保护习惯，也应该具备形成正确环境观、掌握基本环境知识、实施环境保护行动的能力。

　　2.研究公众环境参与能力的意义

中国作为世界上最大的发展中国家，如何加快经济建设和推行可持续发展战略是当前工作的重中之重。与此同时，环境污染和生态破坏日渐成为制约经济发展和影响人体健康的障碍因素，甚至可能致使我们的发展成果灰飞烟灭。究其根源，公众环境参与能力的落后和缺失是重要原因之一。公众的环境参与能力首先包含着一种先进的观念，蕴含着新环境伦理观、道德观和行为方式，是当代国人必备的一种品格和国民素质的重要组成部分，并将最终实现在公众的环境参与行为当中。其普及和提高已经成为反映社会道德水准和现代文明程度的重要标志，是推行可持续发展战略的必要前提。因此，加强环境教育和宣传，培养和提高公众环境参与意识和环境参与行为，对综合提升公众的环境参与能力、推行可持续发展战略、提高政府环境管理绩效、实现现代化建设目标具有非常重要的意义。

2.1.2　政府环境管理绩效

1.绩效

绩效（Performance）一词本身并不是一个新的概念，它在英文中是一个相当宽泛的名词，原意为"履行""执行""表现""行为""完成"等，现在也可以引申为"性能""成绩""成就""成果"等[17]（卓越，2004）。自 20 世纪 80 年代后期和 90 年代早期以来，"绩效"以及"绩效管理"开始成为管理实践中一个非常流行的词语[18]（理查德·威廉姆斯，2002）。绩效最早用于对投资、项目管理以及人们工作等方面的衡量，后来在人力资源管理方面也有广泛的应用，表现为从过程、产品和服务中得到的输出结果，并能用来进行评估和与目标、标准、过去结果以及其他组织的情况进行比较[19]（尤晓云，2002）。一般地说，绩效概念中包含了组织绩效和个人绩效两个层次。

学界对于绩效的内涵主要有两种观点，一种观点认为绩效是结果，如Bernardine 认为，"绩效应该定义为工作的结果，因为这些工作结果与组织的战略目标、顾客满意感及所投资的关系最为密切";另一种观点则认为绩效是行为,如 Caoboll 则认为,"绩效是行为,应该与结果区分开,因为结果会受系统因素的影响"。他给绩效下的定义是"绩效是行为的同义词,它是人们实际行为表现并是能观察得到的"[20](Ghobadian,1994)。

在实际的应用当中,绩效的内涵应该包括结果和行为两个方面。它既包括工作的过程,又包括工作的产出。工作过程指人员在工作当中的努力程度,工作过程中的困难等;工作产出包括任务的完成,组织目标的实现,产量指标的到达,社会评价等。行为是结果的先行条件,而结果则是行为的作用后果,两者缺一不可。Brumbrach(1998)认为"绩效指行为和结果。行为由从事工作的人表现出来,将工作任务付诸实践。行为不仅仅是结果的工具,行为本身也是结果,是为完成工作任务所付出的脑力和体力结果,并且能与结果分开进行判断"。这一定义说明,当对个体的绩效进行管理时,既要考虑投入(行为)也要考虑产出(结果),绩效应该包括"做什么"和"如何做"这两个方面。绩效的表现形式是多样的,绩效既可以是组织绩效,也可以是组织成员绩效[21](Michael Armstrong,1988)。

2. 政府环境管理绩效

近年来,绩效开始进入公共行政领域,从而确立了"政府绩效"这个范畴。对政府绩效考评的研究还是一个比较新的领域。研究政府绩效的目的是为了考察政府对社会的承诺。对政府环境管理绩效的研究,顾名思义就是对政府在环境保护事业方面取得的成效进行考量。事实上,就绩效管理而言,当一个管理的过程是可见的,管理的结果是容易评估的时候,控制往往比激励重要;当一个管理的过程是看不见的,管理的结果不易于评估的时候,激励就比控制更重要。

所谓政府环境管理绩效,指政府在从事环境管理活动中的效率、效果、效益和效能,是政府在行使其环境保护职能、实施其控制污染意志的过程中体现出的管理和服务能力,是政府这种依法建立的对环境公共事务进行管理的行政组织在环境管理活动中体现的工作成果。其绩效并不是单一层面的概念,由于环境问题的系统复杂性,政府的环境管理绩效除了环境本身的工作成果体现之外,还应包括经济社会的工作成果体现。

对政府环境管理绩效评估,从普遍意义上说,就是对政府环境管理的成绩或表现进行评价。具体而言,就是通过政府各环保机构自我评估、专家评估、公民及舆论评估等多重评估体制,运用一定的方法、标准和程序,对环保政府组织这一行为主体的业绩、实际作为及其所产生的影响作尽可能准确的评价。由于政府绩效评估蕴含了公共责任和顾客至上的管理理念,它以绩效为本,以公共服务质量和社会公众需求的满足为第一评判标准,因而在环境管理的绩效评估理念中必然赋予对公众参与因素的考虑。

就具体表现而言,政府的环境管理绩效可以主要分为以下几个方面。

(1)污染控制。反映政府对当地环境污染的控制水平,环境污染是地区生产、生活活动对环境系统造成的影响,一个地区的污染水平与地区环境承载力密切相关,同时也表明地区环境治理所面临的压力。

(2)环境治理。环境治理分别有投入和产出两个方面,其成效反映在地区的环境质量上,环境质量不仅是地区发展的物质基础,而且也印证了地区的经济社会活动对其的影响。

(3)资源节约。反映当地经济发展集约化程度的指标,表示各地在经济发展过程中对环境资源的利用效率。经济集约化程度越高,资源的利用率也就越高。

(4)生态安全。河流、湖泊和森林植被系统作为地区自然和人文景观,在调节居民日常生活和生态环境方面发挥着重要的作用,生态安全是政府通过保护自然生态环境系统和建立人工生态环境系统来改善生态环境质量的重要措施。

(5)环境协调度。环境协调度是指人们生产、生活发展与自然环境保护的协调发展程度,反映了社会的环境友好水平,也彰显了公民社会的生态文明层次。

(6)公众满意度。反映公众致力于改善环境的愿望和行动,以及对政府环境管理满意程度的评价。

2.2　政府环境管理的理论基础

2.2.1　治理理论

"治理"是近年来出现在国际发展理论界的一个重要理念,其理论的提出和形成也经历了一个过程。在 20 世纪五六十年代的西方,由于频频遭受环境污染公害的影响,迫使科学家承认,有必要使用科学的手段解决各种环境问题,用自觉的行动来治理和防止环境破坏,以重建社会和自然的新秩序。到了 20 世纪 70 年代之后,人们又开始认识到,环境危机不仅包括环境污染本身,而且还包括生态系统的破坏,其不仅是一个技术问题,也是一个重要的社会经济问题。这个观点在 1972 年出版的《增长的极限》中有明显的体现,作者提出的"全球均衡状态"思想,就是"人口基本稳定,倾向于增加或者减少它们的力量也处于认真加以控制的平衡之中"[22](德内拉·梅多斯等,2006)。之后,联合国环境与发展组织召开的斯德哥尔摩会议和里约热内卢会议,标志着人类将生态环境的治理推向新的历史阶段,会议通过的《21世纪议程》涉及可持续发展的广泛领域,给各国政府提供了一个行动蓝图。

治理理念在西方学术界,尤其在其经济学、政治学和管理学领域流行开来是在20世纪90年代,1989年,世界银行在一份关于撒哈拉地区的报告中提到了"治理的危机",这是最早使用"治理(governance)"这一词汇的文件。后来,"治理"被研究人员和学者定义为:为了发展,在管理一个国家经济和社会资源时行使权力的方式。由此,"治理"又包含了公共部门的行政管理、问责制度、法律制度、透明度和信息交流等内涵。

学界公认的治理创始人詹姆斯 N·罗西瑙(James N. Rosenau)在其代表作《没有政府的治理》中指出了government 与 governance,即统治和治理的不同。他认为,governance 即与 government 的不同在于,治理指的是一种有共同的目标支持的活动,这些管理活动的主体未必是政府,也无须依靠国家的强制力来表现。也就是说,与政府的统治相比,治理的内涵更加丰富,它既包括政府机制,同时也包括非正式的、群众参与的机制[23](詹姆斯 N·罗西瑙,2001)。我国学者俞可平在其代表作《治理与善治》《中国公民社会的兴起与治理的变迁》《增量民主与善治》等文章中对治理理论的起源、产生原因、正反两方面的意义及其发展前景进行了详细的考察,同时提出自己有关治理、善治等有关治理理论的见解[24](俞可平,2000)。正如有学者所说,对于治理理论的思潮,无论它是"解放了的普罗米修斯"还是浮士德精神,如今在全世界正被拥戴为毋庸置疑的基本思考方式。

1. 治理的内涵

伴随着信息化、全球化浪潮的冲击,在20世纪后期出现的后现代主义理论使得"治理"的内涵发生了深刻的改革,致使有人甚至断言:当代治理模式是后现代社会的现象和选择[25](Richard, D., M. J. Smith, 2002)。治理理论的创始人,英国地方治理指导委员会(Local Governance Steering Committee)的发起人之一罗伯特·罗兹(R. Rhodes)认为:治理意味着"统治的含义有了变化,意味着一种新的统治过程,意味着有序统治的条件已经不同于前,或是以新的方法来统治社会"[26](Rhodes, R., 1997)。美国研究治理理论的权威库伊曼(J. Kooiman)和范·弗利埃特(M. Van Vliet)认为:"治理的概念是,它所要创造的社会结构或秩序不能由外部强加;它之所以发挥作用,是要依靠多种相互发生影响的行为者的互动。这种互动是由参与者共同的目标支撑的"[27](Kooiman J.，Vliet，1993)。除了学术界的探讨外，一些国际组织也对"治理"的内涵作了界定。世界银行认为，"治理"是一个国家的权威得以运用的传统和制度，它包括：①选择、监督和取代政府的程序；②政府有效制定和执行正确政策的能力；③公民和国家对于那些控制经济和社会互助的制度的尊重[28](Daniel kaufmann，Aart Kraay，Pablo Zoido，2000)。全球治理委员会则界定"治理"是个人和机构、公共部门和私人部门管理其相同事务的诸多方式的总和，它是使相互冲突的或不同的利益得以调和并采取联合行动的持续过程，它既包括有权迫使人民服从的正式制度和规则，也包括人们同意或认为符合其利益的各种非正式的制度安排[29](Commission on Global Governance，1995)。

2.治理理论的主要思想

和以往相比，当代治理理论的思想主要体现在以下几个方面。

(1)治理主体的多元化趋向。与传统统治和行政概念不同，治理运动的组织载体和参与角色呈现多样性、多元化趋势，治理理论认为政府不再是公共管理唯一主体，而强调政府组织、非政府组织以及公民在共同目标下共享资源，合作互动，共同参与公共政策制定和公共产品提供。

(2)对政府组织结构的深刻变革。与传统官僚制的组织结构相比较，层级更少、更具灵活性的政府组织在逐渐形成。新型政府组织具有结构多样化、权力分散化、服务个性化等特征，政府组织特征的进化见表2-1。

表 2-1　韦伯式国家与后现代国家

Table 2-1　Weber state and post-modern state

韦伯的官僚制国家	后现代国家
政府统治	治理
科层制(韦伯)	多样化结构(如网络)
权力1:零和博弈	权力1:正和博弈或双赢
权力2:集权化	权力2:分散化
精英主义	多元主义
单一、集中、铁板一块的国家	分权化、分割化和"空心国家"
强有力的、集中的行政体系	分割化的行政体系
清晰的责任界限	界限模糊的或交融的责任体系
国家集中的控制	国家集中掌舵
单一的、同质的公共服务的社会文化	依据不同需求的服务文化

资料来源：Richards D.，M. Smith. Governance and Public in the United Kingdom. New York：Oxford University Press，2002，36.

（3）政府与市场、社会的关系发生重构。政府与市场在调节社会资源的过程中通过相互补充与配合以保证各种资源要素的有序流动、合理配置。此外,治理理论还强调公民参与社会公共事务管理。公民参与（Citizen Participation）和公民自治能力（Civic engagement）的增强使得传统国家或政府组织的作用逐渐缩小,而公民社会正在不断强大起来,发挥着越来越大的作用[30]（Jun, J. S., 1999）。

（4）公开、参与、公正、透明、回应、责任、合法性等重要原则成为善治的标准。在 1997 年联合国报告《分权的治理:强化以人民为中心的发展能力》中,概括出 15 项核心理念:公民参与、依法治国、政府透明性、回应性、合意导向（consensus）、公平、效益和效率、责任、战略的视野、合法性、深谋远虑的资源使用、生态环境的考虑、授权、合作伙伴、以社会为基础[31]（UNDP., 1997）。初步确立了评价一国治理发展水平和绩效成果的标准。

3. 治理理论对中国环境管理的启示

在中国当前的环境治理中,国家依然是起决定作用的主体,但已呈现出向下拓展的趋势,公民和公民的集体意识对环境治理的效果起到越来越显著的影响。政府的环境管理涉及公共产品提供主体多元化、产权管理、投资渠道多样化等诸多内容,属于公共事业管理的范畴,而当代治理理论对此均提供了重要的启示,主要体现在以下两个方面。

（1）治理理论的多元化趋向为环境治理主体多元化提供了直接的指导。由政府单方主导的传统环境管理模式明显暴露出环境产品生产效率低下的弊端,为不同性质的环境产品寻找合适的生产载体,构建环境事业多元主体治理模式是政府环境管理的必由之路。

（2）治理理论强调在环境事业的管理中引入市场机制,注重公民参与。环境治理要求借用市场机制来配置公共部门资源,确保提供环境产品的多元主体相互竞争,提高效率;在环境产品和环境服务提供过程中引入公民参与则有助于避免供需错位、供需脱节,从而有效地提高全体公民的共同福祉。

2.2.2　公众参与理论

关于参与的内涵,在古代就有记载。如《晋书·唐彬传》中写到:"预闻而参预（参预同参与）其事。"《三国志·吴·朱恒传》中"是时全琮,为都,（孙）权又令天将军胡综宣传,昭命参预军事"的提法。这里的参与已经显现了参与的内涵与政事有关[32]（芦刚,2007）。

　　在既有的研究文献上,公众参与的概念界定形形色色,不尽相同。而与公众参与相关的名词,如:公民参与、民众参与、人民参与、公共参与等,这些名词虽然名称不同,使用的学术领域和议题不同,意思有些微差别,但所指的参与内容、行动和意义大致类似,内涵也相当接近。公众参与理论的先驱谢尔·阿斯汀(Sherry R. Arnstein)认为,"公众参与是一种权力的再分配,使目前在政治、经济等活动中,无法掌握权力的公众,其意见在未来能有计划地被列入考虑"[33](Arnstein, Sherry, 1969)。格尔森(Garson)与威廉姆斯(Willianms)提出,"公众参与是在方案的执行和管理方面,政府提供更多施政回馈的渠道以回应民意,并使民众能以更直接的方式参与公共事务,以及接触服务民众的公务机关的行动"[34](Garson, GD. , J. D. Willianms, 1982)。在代议制民主中,公民在公共行政活动中直接参与关系到公民切身利益的公共决策以及公共事务的处理,这日益成为民主行政的主要内容[35](魏娜,2002)。公众对环境管理的参与属生态政治问题,对于具有垄断性的环境执法和行政,公众往往处于相对无声、被动的地位,而公民在现代政治框架中作为国家的主人,享有一系列基本权利。一般来讲,公众对于环境事务的参与包括了三个基本要素,即"谁来参与""参与什么"和"怎样参与",它们构成了公众参与的内在结构。

　　在学术理论界,对环境保护公众参与的理论探讨方兴未艾,社会各界也对此给予广泛关注。例如,笔者通过网络检索"中国期刊全文数据库(http://www. cnki. net)",依次输入关键词"环境保护""公众参与",再设定检索时间段"2000—2008 年",可得检索到 1123 多篇文章,其中包括学术期刊刊发的有关公众参与环境保护的学术研究成果,也包括非学术期刊刊发的新闻报道、时政评论类文章。由此可见,公众参与环境保护既是近年来学界讨论的热点问题,也是社会各界关注的热点问题之一。

　　环境问题中,市场失灵和政府失灵为发挥第三种力量的作用提供了机会,公众参与在这一背景下应运而生。公众参与既可以降低社会管理成本,也有助于减少因市场失灵和政府失灵所造成的环境资源损失。在探讨公众参与理论时,必然要和利益相关者概念一并加以论述。因为利益相关者的概念某种程度上对公众参与的公众确定有了很大的理论帮助。弗里曼指出被某种决定直接影响到的群体,也就是利益相关者,应该直接并且有效地参加到决策制定的程序中[36](R. E Freeman, 1984),引发了对利益相关者的大讨论。Jackson 随后指出利益相关者应该是那些自己认为受到影响的群体,而不应该是相关机构认定的受影响群体[37](Jackson Chevalier, 2001)。利益相关者理论的应用可以帮助了解复杂的问题,发现可能存在的相互影响,是决策制定中的一种管理工具和预测可能发生冲突的工具[38](Grimble and Wellard,1996；Engel,1997；Rolling and Wagemakers,1998）。利益相关者分析用来研究和区分受到影响群体的立场。越来越多的关于环境问题的冲突，促使人们重视对于冲突的管理研究。

在我国，公众参与环境管理已经纳入环保法律法规及政策体系，有关公众参与的环境政策见表2-2。

表 2-2　有关公众参与的环境政策

Table 2-2　Environmental policy about public participation

时间	名称	内容
1993 年 6 月	《关于加强国际金融组织贷款建设项目环境影响评价管理工作的通知》	明确了公众参与是《环境影响评价报告书》的重要内容，提出了在环评工作中公众参与的方式途径主要是听证
2002 年 8 月	《关于进一步加强环境信访工作的通知》	建立并完善行政领导责任制和环境信访月报制度，加强了信访信息反馈和信访案件的督办
2003 年 9 月	《环境影响评价审查专家库管理办法》	规定了入库专家应当具备的条件，明确了专家挑选的随机机制，并提出专家库的动态管理办法
2006 年	《环境影响评价公众参与暂行办法》	明确了公众参与环评的权力，规定了参与环评的具体范围、程序、方式和期限，保障公众的环境知情权，调动各相关利益方参与环保决策的积极性，奠定了我国公众参与环境管理法制化的基础

资料来源:(吴获,武春友.建国以来中国环境政策的演进分析[J].大连理工大学学报社会科学版,2006(12):48～51)

2.2.3　绩效评价理论

奥斯本和盖伯勒(Osborne and Gaebler)认为,"政府的任务是明确问题的范围和性质,然后把各种资源手段结合起来让其他人去解决这些问题",因此,"政府必须进行调整,而且在某些方面应对传统角色重新定义"[39](Osborne,David,Gaebler,Ted,1992)。基于这样的认识,在政府对环境事务管理过程中,需要建立一种把政策制定与服务提供相分离的政府体制。因为要做到对环境问题能够"治理"并且善于"治理",政府在用刚性政策控制的同时,还需要提高公民管理自己事务的能力,让他们参与到环境管理中,避免对政府产生严重的依赖心理,最大限度地提高全社会的运行效率[40](高洁,2005)。

1. 绩效评价理论的演变

在西方国家,政府绩效评估的理论与实践的发展是密不可分的。西方国家在开展政府绩效评估之初,注重的是经济和效率,强调降低成本、提高效率。自 20 世纪 90 年代以来,实现了从"效率优位"向"质量优位"的转变,强调以公民为导向,评估内容、评估标准、评估指标等都是从公民的立场出发,有关质量和顾客满意度指标在政府绩效评估指标体系中大幅度增长。在评估主体上,由突出内部评价发展到外部评价,公民广泛参与评估过程。

在英国,政府绩效评估始于 1979 年撒切尔夫人上台以后开展的雷纳评审,包括此后的部长管理信息系统、财务管理新方案、下一步行动方案都主要体现的是"效率优位",其评估主体主要是本部门、上级部门、效率小组、审计委员会等。1991 年,英国保守党领袖梅杰在公共服务部门推行"公民宪章"运动,包括了服务标准、透明度、礼貌服务、顾客选择、完善的投诉机制和资金的价值六个基本内容,被认为是提高公共服务质量的有效途径,评估主体也由政府部门扩展到社会公众。90 年代末布莱尔政府又进一步提出了"政府现代化运动",明确提出了以公共服务的使用者而非提供者为中心,确保公共服务更符合公民的需要;确保公共服务提供的高效率和高质量等目标。"随着顾客取向改革的深入开展,英国各公共部门正积极运用公众意见调查、市场调研、用户意见调查等方法来了解公众需要什么、公众衡量公共服务的标准、公众对公共服务的满意度等问题"[41](卓越,2004)。这些都明显地体现了"顾客至上"的价值理念。

政府绩效评估在美国的大规模实践,始于 1973 年尼克松政府颁布的"联邦政府生产率测定方案"。1993 年克林顿总统上台后,开始了大规模的政府改革——"重塑政府"运动,成立了由副总统戈尔亲自领导的"国家绩效评估委员会",该委员会的第一份报告《从繁文缛节到以结果为本——创造一个工作更好花钱更少的政府》特别强调"顾客至上"原则。同年,美国国会也通过了《政府绩效和结果法案》,以期建立一个"做得更好、花费更少、以得到全美人民关心结果的政府"。1993 年 9 月,美国总统克林顿签署了《设立顾客服务标准》的第 12862 号行政命令,贯彻戈尔报告,要求联邦政府部门制定顾客服务标准,要求政府部门为顾客提供选择公共服务的资源和选择服务供给的手段,并了解顾客对现在服务的满意程度。1994 年,有 100 多个联邦公共服务部门制定并公布了服务标准。这些服务标准既是政府部门的行为准则,也是站在"顾客"的角度对政府绩效进行评估的标准。

美国国家公共生产力中心主任马克·霍哲教授在其《公共部门业绩评估与改善》一文中指出"只有政策制定者和市民积极主动地参与业绩评估——即参与让政府机构对他们的开支负责,对他们的行动负责,对他们的承诺负责这样的评估过程,上述的多重目标才能实现"[42](马克·霍哲,2000)。他全面分析了政府绩效评估的步骤,并将市民的参与融入其中,提出了让市民参与到绩效评估程序的每一步骤中去的设计方案,认为让市民参与是真正提高公共部门管理绩效的有效途径。学者凯瑟琳·纽科默等在《迎接业绩导向型政府的挑战》一书中探索了公民参与和业绩测评在实践中的关系,发展了以公民参与、政府政策与执行以及绩效测评作为核心元素的有效治理模型[43](凯瑟琳·纽科默,2003)。国外的理论研究及实践成果为我们研究我国地方政府绩效评估中的公众参与提供了较好的理论和实践经验借鉴。

国内近年来学者们对于地方政府绩效评估的研究主要集中于对国外政府绩效评估研究成果和实践经验的介绍和借鉴,对我国地方政府绩效评估指标体系和评估方法的研究,以及总结我国地方政府绩效评估实践中的问题,探寻整体的解决途径相对来说,国内对于公众参与地方政府绩效评估活动进行专题研究的文献较少。卓越在《公共部门绩效评估的主体建构》一文中对参与评估政府绩效的主体进行了深入分析,指出了公民参与政府绩效评估的重要性[44](卓越,2004)。彭国甫在《对政府绩效评估几个基本问题的反思》中将参与政府绩效评估的主体划分为内部评估主体和外部评估主体[45](彭国甫,2004)。范柏乃等在《基于满意原则为导向的人民评判政府绩效的意义阐释》一文中认为,基于满意原则为导向的人民群众评判政府绩效是政府绩效评估的一种新形式和新机制,对加强政府与人民群众的联系,增强政府服务意识,改善政府服务质量,提高政府的服务效率具有重要的作用[46](范柏乃等,2004)。吴建南、庄秋爽在《"自下而上"评价政府绩效探索:"公民评议政府"的得失分析》一文中对"公民评议政府"的现状作了归纳和分析,指出了其意义、成效及存在的不足[47](吴建南,庄秋爽,2004)。孟华在《政府绩效评估的民众基础及其改善》一文中分析了中国政府绩效评估的民众基础,对民众基础发展的瓶颈提出了改进措施[48](孟华,2005)。何会涛在《公众作为公共部门绩效评估主体的障碍分析》一文中指出,在现实条件下,公众作为公共部门的主要评估主体还不能很好的发挥作用,存在着意识、制度、知识技术三个层次的障碍[49](何会涛,2005)。王锡锌在《对"参与式"政府绩效评估制度的评估》一文中对近年来各地开展的民众评价政府绩效活动进行了初步评估,认为参与式绩效评价在实践中并没有兑现其制度设计的预期目标,主要原因在于缺乏必要的程序性保障机制,导致制度实践的功能障碍[50](王锡锌,2007)。由邓国胜、肖明超等编著的《群众评议政府绩效:理论、方法与实践》一书是我国第一部研究公众评估政府绩效活动的专著,通过对有关地方群众评议政府绩效的案例的分析和评价,提出了四环五要素的理论分析框架,对实践的有效开展具有较高的参考价值。

总体上来说,目前我国缺乏对以公众为主体的绩效评估行为的系统研究,研究对实践的指导意义不足,广度和深度都有待进一步提高。因此应深化对中国特色的公众参与地方政府绩效评估的理论和实证的研究,加强理论研究对实践的指导作用,以促进我国地方政府绩效评估中公众参与的有效进行。

2.进行政府环境管理绩效评估的意义

以政府的环境管理绩效评估为重点来进行政府环境管理,对提高政府环境管理绩效具有重要的作用和意义,这主要表现在如下几个方面。

一是绩效评估具有计划辅助功能。管理计划和具体目标的测定要参照多方面的信息,其中之一就是环境管理不同部门之间的绩效情况。绩效评估满足了这方面的信息需求,对不同部门的绩效评估对比结果有助于确定下一阶段的指标,并据此合理配置资源。科学的目标制定有利于政府环境管理绩效的整体提高,进而提高其管理水平。

二是当环境部门的行政管理工作走出计划而进入实施阶段后,绩效评估所拟定的绩效标准及据此所收集的系统资料,为计划执行的监控提供了一个重要的、现成的信息来源。这有利于对计划的执行情况进行严密的监测,如果发现了背离计划的情况,可以及时预测出可能后果并采取相应的控制措施。

三是绩效评估可以为环境管理决策提供引导作用,从而有效避免资源的浪费。在缺乏关于效果的客观资料的情况下,资源配置的决定大都是根据政治上的考虑做出的:当领导和技术专家决定加强环境管理某个领域的工作增加预算时候,往往不知道应把新增加的资金投向何处,而当做出削减预算时,又不知道削减的是"肌肉"还是"脂肪"。所以政府环境管理的绩效评估有助于在相关决策部门的组织内部形成绩效意识,起到激励作用,从而把提高绩效的努力贯穿到环境管理决策活动的各个环节。

2.3 公众参与环境管理的理论依据和现实动因

2.3.1 环境管理与公众参与的内涵

因为环境管理的作用是国家环境保护主管部门(环境管理的中枢系统)为履行环境管理的职能,实现经济系统、社会系统与环境系统的协调发展,控制环境污染,就所要解决的环境问题而制定选择和活动方案、做出各种决定的过程,所以环境管理决策的正确性就显得至关重要。环境管理决策是环境管理系统的核心环节,普遍存在于环境管理的各个方面,从宏观政策的制定到具体的执法监督,不同层次、不同领域和不同研究阶段都存在着有待决策的对象和目标。

公众参与理论的先驱 Arnstein 认为,公众参与是一种公民权力的运用,是一种权力的再分配,使目前在政治、经济等活动中,无法掌握权力的民众,其意见在未来能有计划地被列入考虑。另外,它是一种诱发重要社会变革的手段,通过社会变革,贫穷的公众能够享有富裕社会带来的利益[51](ARNSTEIN,SHERRY,1969)。

公众参与具有的核心价值在国际公共参与协会得到认可:公众对影响他们生活的决策具有发言权;公众参与将会影响决策;公众参与过程让参与者自行决定自己如何行动;公众参与过程挖掘并促进所有被决策影响各方的参与;公众参与过程向参与者提供足够信息,使得参与者实质性地参与。目前,公众参与已经成为行政民主化的全球趋势。环境管理作为广泛影响公众切身利益的政府行为,成为公众参与的重要领域。这里所说的公众是指除了政府的科技决策系统内的政府官员和其他工作人员、国家研究院和社会智囊机构以及大学研究所中的专家和学者之外的普通社会大众。这个界定与英国学者 Simon Joss 对公众参与的理解是基本相同的,他认为公众参与在广义上"是指参与政策过程和决策的主体不仅仅限于通常意义上的职业专家、政策分析家和决策者,而是包括更大范围内的社会参与者。后者可以包括非政府组织的代表、地方社团,利益集团和草根运动,也包括作为公民和消费者的个体外行人员"[52](SIMON JOSS,1999)。普通社会公众虽然缺乏相关环境保护知识和决策技能,但是他们有参与环境决策的热情,有表达自身利益的欲望,他们提出的意见和建议能够赋予环境管理决策更多的合理性和可行性。环境管理决策需要公众参与,公众需要参与环境管理决策,两者相辅相成,互相促进。

2.3.2　公众参与环境管理决策的理论依据

1. 环境管理的"公共性"

环境管理的公共性源于两个方面。其一,环境管理决策主体的公共性。环境管理决策主体一般是指负责环境管理决策的行政主管部门。在现代民主社会,环境保护行政部门行使的是公共权力,其目的是解决具有产出公共性的环境问题、配置公共环境资源,以实现公众的公共利益。其二,环境管理决策客体的公共性。一般认为,环境管理的客体包括公众环境知识的普及和积极的环境意识与环保行为培育,以及有环境影响项目的实施论证、对环境保护基础设施的投资和选址等与环境保护相关的各领域。因此具有公共物品的性质,值得公共支持。所以说环境管理决策的公共性是公众参与环境管理决策的重要理论依据。

2. 环境管理决策中工具理性与价值理性的冲突与平衡

在社会中,理性思想支配着环境管理决策主体的决策行为。人的理性在哲学论阈中存在工具理性和价值理性两个维度。所谓工具理性,也就是目的理性,马克斯·韦伯将其界定为透过对周围环境和他人之客体行为的期待所决定的行动,这种期待被当作达到行动者本人所追求的和经过理性计算的目的之"条件"或"手段"。所谓价值理性,韦伯则认为是透过有意识地坚信某些特定行为——伦理的、审美的、宗教的或其他任何形式之自身价值,无论其能否成功,纯由其信仰所决定的行动[53](马克斯·韦伯)。在现代环境管理的决策中,工具理性得以过分张扬而价值理性日渐式微。工具理性指导下的环境管理决策,单纯从"技术促进环境问题的解决"的意图来分析也许看不出什么毛病,但从其他价值立场来考量则可能存在严重缺陷。忽视价值理性的环境管理决策固然能够改善人们的物质生活,但也同时带来了"技术的异化"。这种由于张扬工具理性而导致的"异化"不但由生活领域延伸到文化领域,而且给人类带来了心理上、生理上的多种社会疾病。因此,在环境管理决策中必须实现工具理性与价值理性的动态平衡。公众参与是抑制工具理性的冲动和提高环境管理决策价值理性的重要方式。

公众参与环境管理决策能够使公众对待周围的生产和生活环境表现出更多的人文关怀,更容易实现伦理学意义上的环境保护。正是由于公众在现实的社会生活中以感性的方式来接触周围的环境,这样公众就容易摆脱工具理性的枷锁,站在更加公正的立场上审视他们生活的自然环境。在普遍提高公众的环境素养下,公众对环境问题的判断最终要使环境管理以社会价值为方向,亦即:环境保护要考虑以社会认为符合人的尊严和有生活价值为方向来发展。

3. 环境管理决策的"公共投资性"

前文已经说过环境问题本身就是一个公共问题。因此,环境管理决策是政府的投资性公共决策,是政府运用公共财政资金进行环境保护、实现社会可持续发展的决策。随着经济的发展和人们生活质量的提高,公众对环境质量的要求也越来越高,对周围的环境问题也越来越重视,这表现在国家对环境保护的投资上,进入 21 世纪来,国家的环保投资增加得很快,每年都占到国民生产总值的 1% 以上,仅 2006 年,国家环境污染治理投资总额就达到 2566 亿元,占当年 GDP 的 1.22%[54](国家统计局,2007)。环境保护投资的急剧上升为环保事业的发展奠定了坚实的物质基础。由于环境保护的经费来源于国民收入,而国民收入大部分来源于税收,因而大量的环境保护经费是由公众承担的。于是,公众当然"有权知道利用社会资源进行的环境管理会给他们提供什么,有环境影响的项目必须接受公众的监督和约束"。这种直接的利益关系使公众关注由环境管理决策影响环境治理行动所带来的环境效益。

2.3.3　公众参与环境管理决策的现实动因

1. 保护环境与发展经济的"生态悖论"效应

人类社会发展的历史中,文明的诞生本身就是建立在对自然环境的破坏之上的。在现实的 GDP 诱惑下,管理者对于优先发展经济还是保护环境的决策往往陷入两难的困境,特别是在那些经济欠发达的区域,粗放型经济的大力发展在提高当地居民物质生活的同时也带来了很多负面效应。这些恩格斯曾有过精辟的论述。他在《自然辩证法·导言》中说,"我们不要过分陶醉于我们对自然界的胜利,对于每一次这样的胜利,自然界都报复了我们"。恩格斯接下来说,"每一次胜利,在第一步都确实取得了我们预期的结果,但是在第二步和第三步却有了完全不同的、出乎预料的影响,常常把第一个结果又取消了"[55](恩格斯,1971)。这也多次为人类社会发展的历史中所产生的生态环境问题证实。

高品质的生活追求源自经济的发展,而粗放的经济发展不可避免地要带来自然环境的破坏,从而又降低了人们的生活质量。20 世纪 70 年代以来,公众参与环境管理在英美等国率先发展成为一种广泛的社会运动。这反映出公众对环境问题的关注、参与意识越来越高。公众参与环境问题的意识增强不仅是因为看见了经济社会发展给环境所带来的负面影响,而且也深刻地感受到了这种影响。工业社会对环境保护的忽视造成的环境污染和生态破坏对人们的生存环境产生了直接的威胁。运用技术虽然在短时间内降低了生产成本,提高了生产的效率,但新一轮的环境污染仍然继续存在,环境问题很难得到根本的改善。

2. 专家决策的局限性

现代环境污染能够得到有效控制的一个主要动力,是环境污染控制技术和技能的专业化趋势。因此作为一种公共决策体制的环境管理决策长久以来一直是一个专家统治(Technocracy)的领域,不具专门知识的公众(Lay Public)被认为无法了解环境科学的技术复杂性而被排除在政策制定过程之外[56](谈毅,2006)。但在专业知识所支配的决策领域,环境科技的发展和它所带来的影响,却逐渐成为公众关切与忧虑的对象,排除公众参与的"专家决策"模式也受到持续的挑战。知识的垄断,使得具有特权可以取得相关知识来源者,能够支配不具专业知识的公民,使得公众只能在仅具象征作用的政治活动中发挥作用,从而降低了公众对诸多环境政策选择的控制。此外,在环境管理决策中,立场不同,对污染风险的界定和评估也不相同,这也是冲突的重要根源。风险的界定与评估需要知识的判断。知识在环境决策中所扮演的关键性角色,为"专家统治"的决策模式提供了合理化基础。试图扩大公众参与的呼声,经常遇到的质疑是:非专家的公众是否有能力对污染风险的议题做出理性、恰当与正确的判断?传统上我们对污染的风险评估方式,是将风险预设为具有本质的、客观的和天赋的意义,而不是被特定面向的社会制度,依其所持有的取向所创造和赋予的意义。这导致了在实践中往往过于依赖专家的意见,但由于缺乏对专家制度及其主导的风险论有批判性的反省意识,使得专家建构的知识强加于公众对污染风险的理解和建构。另外需要考虑的就是,专家与强大的利益集团之间难免会形成利益攸关的联盟,这种复杂的联盟关系往往会导致人们对一些环境管理政策的制定抱有怀疑态度。加之专家对公众持有错误的理解,导致两者立场对峙的恶性循环。

3. 公众参与意识的觉醒和参与能力的提升

几次环境意识的调查表明,国人环境素养较以往得到了普遍提高,同时也增强了公众的环境参与意识和参与能力,他们必然要求在政府的环境政策上具有更多的知情权与决策选择权。教育的普及使社会公众具备了参与环境管理决策所需要的基本知识和技能。物质生活的改善和提高使公众在时间和财力上具备了更多地参与科学事务的可能性。社会阶层的分化,造成社会利益主体多元化和利益关系复杂化,各利益主体为谋求和维护自身利益,就会设法影响环境管理事务的决策过程。简言之,面对环境保护事业的发展,公众渴望在其发展方向的决定方面有更多的发言机会,使环境保护的政策制定更加充分地体现公众的意志。另外,除非公众的态度和价值得到承认和尊重,决策者发现,很难在与环境保护有关的问题上得到公众的支持。环境管理事务已经成为公共决策的重要组成部分,公众的积极参与可以充实和提升政策的合法性,除此之外这也将激发出更具体的政策建议与方案。

总体而言,由于环境问题的自身特殊性和专家决策的局限性,以及公众环境参与意识的觉醒和环境参与能力的提升等各种内因与外因的互动,促使"由上而下"和"由下而上"的公众参与环境管理决策成为现代环境管理的大势所趋。可以说,公众参与必将促进环境管理决策的合法化——人民的认同、合理化——价值理性的回归和民主化——参与主体的多元化。

2.4　本章小结

本章首先界定了公众环境参与能力和政府环境管理绩效的基本概念,之后,对治理理论、公众参与理论、绩效评价理论的主要观点及其对政府环境管理研究的启示和借鉴意义做出了阐述,接着探讨了公众参与环境管理的理论依据和现实动因,最后对相关的国内外研究进行了回顾与述评,以为本文的进一步研究奠定相关理论基础、搭建理论平台。

第 3 章　政府与公众在环境管理系统中的作用

3.1　环境管理系统

环境管理系统是借鉴系统科学的主要概念、思想和方法,与环境管理相结合,认为环境管理是一个复杂的系统,环境管理制度的整体性和结构(相关)性对环境管理系统的功能有重要的影响;同时,环境管理系统的开放性是决定环境管理制度系统结构是否合理有序的重要因素。

3.1.1　系统论概述

系统论的主要创立者是美籍奥地利生物学家贝塔朗菲(L. V. Bertalanfy),他于 1947 年发表的《一般系统论》标志着系统论的诞生。早在 20 世纪 20 年代初他就对生物学的研究方法和理论感到不满,认为那种孤立的因果系列和分离开来处理的机械论模式,不足以解决生物学中的理论问题,也不足以解决由现代科学技术提出来的实践问题。他提出生物学中的有机论概念,强调把有机体作为一个整体或系统来考察。后来,随着现代科学尤其是物理学、数学的发展,系统论得到不断的完善。

所谓系统,就是由若干相互联系、相互作用的要素(或子系统)构成的、具有特定功能和运动规律的整体。简单地说,系统论是研究一切系统的模式、原理和规律的科学。系统论将研究和处理的对象作为一个系统即整体来对待,把世界视为系统与系统的集合,认为世界的复杂性在于系统的复杂性,研究世界的任何部分,就是研究相应的系统与其环境的关系。在研究过程中注意掌握系统对象的整体性、关联性、目的性、动态性、有序性及能动适应环境性等基本特征。系统论的任务,不只是认识系统的特点和规律,反映系统的层次、结构、演化,更主要的是调整系统结构,协调各要素关系,使系统达到优化的目的。系统论的基本思想,反映了现代科学整体化和综合化的发展趋势,为现代社会政治、经济、科学、文化等领域提供了方法论基础。

所谓系统论的科学研究法,就是根据系统论的基本原理,把研究的对象放在系统的形式中,从整体上、联系上、结构的功能上,精确地考察整体与部分(要素)之间、部分与部分之间、整体与外部环境之间的关系,以求最优化的处理问题的一种方法。系统论的基本原理可以概括为以下几个方面。

(1)整体性原则,又称整分合原则。这是系统论最重要的一个原则,即整体的功能不等于各部分功能之总和。任何系统都由若干部分(要素)所组成,但各部分功能的总和并不等于整体的功能。如果各部分组成和谐有序的结构,则整体功能大于各部分功能之和;如果各部分组成彼此干扰、相互冲突的结构,整体的功能就可能小于各部分的总和。

(2)结构性原则,又称有序性原则。结构是系统内部各个要素的组织形式,功能是系统在一定环境下所能发挥的作用。正是系统结构的有序性为相互结合的各个要素提供了新的活动条件,弥补了其孤立状态时自身的缺陷,产生了新的功能。系统的结构决定系统的功能,不同的结构可以产生不同的功能。所以,在要素已经确定,环境影响不变的情况下,巧妙地安排系统的时间结构与空间结构,是发挥系统功能的关键。

(3)最优化原则,也称环境适应性原则。是指系统的整体联系在活动中达到最适宜的有序状态,确定和选择并实施最优系统方案,以达到最优总体最佳效果。这一原则又可以分为两个方面:首先是联系性原则。一种事物总是存在于某种系统之中,从而作为该系统的一个要素。一切事物又都自成系统,都有其内部的结构。对于一个特定系统来说,其他系统则是该系统存在的外部环境。所以,系统、要素和环境三者是有机统一的关系,是彼此相互联系和相互制约的。其次是动态性原则。任何系统都不是绝对的、封闭的和静止的,它总是存在于特定的环境中,与外界进行能量、物质、信息的交换,受着环境的影响。同时,任何一个系统都是一个运动过程,应该以动态的观点去分析考察系统的运动状态和过程。最优化过程一般如下:提出问题,研究制度系统总目标;深入实际,调查研究,掌握数据和情报信息资料,推理设计若干实施方案;对方案科学预测、系统分析,建立模拟系统模型,以便作定性定量分析;进行方案比较、鉴定和筛选;实施方案并对全过程信息反馈,不断检验、修正,以逼近目标,达到总体目标函数最优;控制调节、最优管理,达到最佳经济效益或社会效益。系统最优化原则已经在实践中得到充分证明,是制定计划和进行目标管理的现代化科学方法,有着其他方法不可比拟的优越性。

3.1.2　环境管理的系统特征

1. 环境管理的相关性

美国地理学家 A. N. 斯特拉勒和 A. H. 斯特拉勒（1973）在其合著的《环境地理学——自然系统与人类的相互作用》一书中指出，环境科学把地球上的各个系统看成是一个紧密联系和相互作用的整体，把人类看成是这个大系统的重要组成部分。该书指出："人类与自然系统的相互作用"主要表现为人类与自然物理过程的相互作用和人类与生物过程的相互作用[111]（Strahler，A. N. ，A. H. ，1973）。卢玛（Samuel N. Luoma）的观点与上述类似，他在《环境科学导论》（1984）一书中写道，环境科学不仅研究生态系统的结构和功能，而且研究社会、经济和文化过程的影响[112]（Luoma，S. N. ，1984）。普尔多姆（P. Walton Purdom）和安德逊（Stanley H. Anderson）指出，任何学者对环境问题和环境的理解，不能不受到该学者的哲学观点、专业知识范围、兴趣及对环境和生活质量要求等多方面相关因素的影响。环境管理的目标是：第一，保护人类免受环境因素的负面影响；第二，保护环境（区域的和全球的）免受人类活动的负面影响；第三，为保护人体健康和提高生活水准而不断地改善环境质量[113]（Purdom，P. W. ，Anderson，S. H. ，1980）。

学者李志强指出："组成制度的规则之间的关系并不是并行排列和彼此无关的，一种规则只能从某一个方面或角度来对人们的行为进行约束，以实现特定的目的，而人类的行为是极其复杂和多元的"[114]（李志强，2003）。例如，常用末端治理来控制污染的战略，仅仅是对生产和消费活动造成的环境污染的一种高成本的补救措施，是一种头痛医头、脚痛医脚的机械的、形而上学的环境管理思想，既不能完全处理污染物，又在处理污染物的同时消耗着资源。显而易见，如果环境问题只是一个生产和技术问题，那么通过源头和过程控制战略应该可以解决问题，但事实并非如此。正因为环境管理的系统性，所以各种管理制度安排不能无关杂乱地堆积在一起，它们之间必然存在复杂、有机的联系。

2. 环境管理的有序性

系统的有序性是指系统内部诸要素在一定空间和时间方面的排列顺序以及运动转化中的有规则、合规律的属性。这个观点认为：系统的任何联系都是按等级和层次进行的。在等级序列中，下位等级的要素及其相互关系本身在细节方面并不为上位等级所映现。因此，作为上位等级的系统不能也不必支配作为下位等级组分的全部行为。这个理论实际上就是现代环境管理中所谓分级管理、指标或功能分解原则的基础[115]（朱庚申，2002）。从有序的本质可见，系统有序主要表现为以下三个方面：一是系统要素的空间排列有规律、合规律，即系统的空间结构。二是系统要素的时间排列有规则、合规律，即时间结构。如环境管理中的决策流程等。三是系统要素在运动、转化过程中所表现出来的功能或时空的有规则、合规律现象，即时空结构。如科学的环境管理行为等。

一般而言，环境管理的系统有序依赖于环境管理系统内部要素的结构有序，而实现系统有序的目的则是输出有序功能。结构有序是系统有序功能得以实现的内在根据。结构正常，则功能正常；结构有序和最优，则功能有序和最优。

总的来说，外部生态环境的有序性是系统进化和适应环境的结果，而作为社会系统的环境管理系统的有序性则是社会实践和人工选择的结果。环境管理就是要求提高生态—经济—社会系统在时间、空间以及功能等方面的有序性，力争在原有系统要素不变的情况下，通过提高结构的有序化程度达到经济建设与环境保护协调、持续发展的目的。

3. 环境管理的动态性

系统的动态性要求揭示系统状态与时间的关系，告诉人们要历史地、辩证地、发展地考察和认识对象系统，认真处理好系统与环境的动态适应关系。要解决当今的环境问题，需要从环境问题产生的历史背景和原因出发，研究环境问题发展的历史线索以及发展趋势，由此才能正确制定当今的环境管理战略和环境治理对策。

具体而论，系统若想在活动中保持良好的动态适应关系，实现相对稳定的发展，须从以下三个方面考察：一是组成系统整体联系的要素之间是否存在稳定的物质、能量和信息的输入和输出。稳定的物质、能量和信息的交换，是系统保持动态稳定和顺利发展的前提。二是要素之间是否存在竞争关系。竞争是整个自然界，也是现代社会的一个显著特征。在人类的生态—经济—社会系统中，作为系统的组成要素，生态子系统、经济子系统和社会子系统之间不仅存在着各种各样的联系和变换关系，而且在外部活动中存在着激烈的竞争，从而形成了各子系统间以及整个系统对立统一的矛盾运动。三是系统各要素之间是否存在着对立关系。如果系统的各要素之间存在着对立关系，就无法保持良好的动态适应性，如何变对立为统一的关系是保持系统稳定发展的重要前提。

另外，人类的环境意识形成是从认识到感情到意志信念再到行为和技能,是一个完整的潜移默化的过程,也正是由于这个动态过程,我们才能看清环境管理的系统演变轨迹,环境管理系统各要素之间的界限并不像具体实验那样每步都分明可辨,它们相互联系,相互影响,甚至它们之间还有灰色胶着的地带,但正是通过各要素之间的动态运动,使环境管理系统得以制衡,从而支撑起复杂的环境管理体系。环境管理系统的动态调控模型见图3-1。

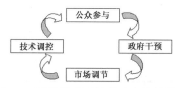

图 3-1　环境管理系统的动态调控模型

Figure 3-1　Dynamically controlling model of environmental management systems

3.1.3　环境管理的系统学分析

环境管理作为一个大的系统,规模庞大、结构复杂、功能综合因素众多。从系统学的观点来看,在社会与环境的相互作用中,由人类及其活动组成的复杂系统,主要特征在于其开放性,子系统量的巨大性,系统结构层次和作用机制的复杂性。环境管理因为其基本组成元素"人"是具有主体性意识的复杂系统,其本身即是一个开放的复杂巨系统。

1.环境管理的层次结构

人是社会的最基本组成单位,由于人具有主体性意识,是环境管理系统中的最活跃因素,处于环境管理系统的中心位置。因此,从这个角度看,个人环境管理是整个社会环境管理的前提,也是社会环境治理的目标和要求;当然,由于人是具有主体性意识的个体,具体每个人的环境意识可能存在千差万别的区别。当代所要建构的环境管理应该是人与自然界诸要素之间处于相互促进、良性运行、和谐共存、共同发展状态的环境管理系统。

在不同的子系统层次上,环境管理系统除要求系统基础单位个人的环境参与外,更要求子系统内部的管理及子系统与外部环境的管理。由于子系统内部各种关系发展的非均衡性及子系统与子系统发展的非均衡性,子系统内部各元素之间、子系统的不同层级之间及子系统与外部环境之间,在不同时期或不同阶段,必然会出现不协调、不和谐的状况。这种非均衡性就表现为系统元素之间、系统不同层级之间以及不同子系统之间的矛盾冲突。

当这种矛盾冲突仍处于可协调的范围之内,各种关系进行调整,系统的整体性就得以维持,整个系统还表现出整体的和谐性。这种系统内部各种关系的调整即系统内的和谐建设过程。而如果系统内部的矛盾冲突加剧,在现存系统状态下矛盾无法调整,则原系统瓦解,形成新的系统,在新的系统基础上进行新的环境管理。

在这里需要强调的是,根据钱学森的研究,开放复杂巨系统不同层级之间即不同层次的开放复杂巨系统之间,存在着层层嵌套关系,在某一个层次上的系统,从更高一层次来看,则为子系统。从这一理论出发,高一层次的系统内部的环境管理,可能演变成下一层次子系统之间的环境管理。

2. 环境管理的组织基础

系统论认为,任何一个系统都有一定的组织方式或组织作用机制。在系统的组织方式中,主要有两种:一种是自组织,即系统在一定的条件下,不是通过外界的特定干扰,而是通过内部各组成要素之间的相互作用使系统达到有序运行并具有一定结构、功能的过程;另一种是他组织,系统以外必定有一个组织者需要通过外部组织者的作用与控制才使系统的运行达到既定目标的过程。自组织过程,内因是系统演化和发展的根据,外部环境只是系统的环境条件。他组织过程,外因是系统演化和发展的直接动力,系统的发展必然会受到外部的控制。

就整个人类—环境系统而言,社会的发展本质上是自组织的,"人们在自己生活的社会生产中发生一定的、必然的、不以他们意志为转移的关系,即同他们的物质生产力的一定阶段相适应的生产关系。这些生产关系的总和构成社会的经济结构,即有法律的和政治的上层建筑竖立其上并有一定的社会意识与其相适应的现实基础"[116](马克思恩格斯选集,1995)。

人类在不同的发展阶段与自然发生一定的、必然的、不以他们意志为转移的关系,人类的生存方式和环境对人类生存的作用,其存在与演化既存在自组织,也存在他组织的组织作用机制。各个地区由于历史原因和特定的自然环境条件等复杂的因素,系统差别和非均衡性将长期客观存在,这些复杂因素的长期客观存在,使人类—环境系统的组织机制复杂多样。另外,在许多情况下,存在粗放型经济发展模式导致的生态掠夺和向经济发达地区的资源输出的他组织作用,以及经济发达地区向经济欠发达地区转嫁的污染成本的他组织作用。但从总体而言,系统的组织行为还是自组织占主要的方面。

以环境管理系统中对工业大气污染的控制为例,图 3-2 中阐述了环境管理系统在我国发展的自组织过程(三个阶段):系统形成阶段、系统作用阶段和自我管理阶段。

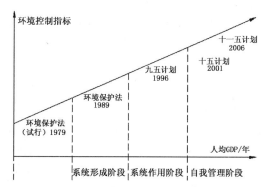

图 3-2　环境管理系统的自组织过程

Figure 3-2　Self-organizing process of environmental management system

3.2　环境管理系统中的因素分析

　　环境管理作为一个开放的复杂巨系统,是由相互作用、相互渗透、相互影响的多种因素、多个子系统而构成的社会大系统。为了对组成环境管理的三大子系统之间的关系有较为深刻的认识,本文在此对政府环境管理系统、企业环境管理系统和公众环境管理系统进行考察和分析。

3.2.1　政府因素

　　政府在环境管理中通过制定各种环境政策和税收法规达到控制污染的目的。我国自第一次全国环境保护会议以来,在环境保护的实践中经过不断的探索、总结,逐步形成了一系列符合中国国情的环境管理制度。随着社会经济发展,我国环境管理也发生了一些转变,从政府管理为主转向政府、企业和公众相互作用。目前,环境管理在我国更多的是政府行为的体现,政府的宏观调控能力在环境管理中起着主导作用,是环境管理组成要素中的主体。各级环境保护行政主管部门在同级人民政府的领导下,依据国家的环境政策、法律、法规和标准,代表国家行使政府职能对人们的自然行为、经济行为、社会行为进行综合的管理,以维护区域正常的环境秩序,因此,环境管理在我国具有行政管理的权威性和强制性特征。

3.2.2　企业因素

企业在没有监督管理的前提条件下,由于经济利益最大化的驱使,其生产过程以资源获取和加工的低成本为主要途径,不可避免的产生环境污染;从现实的情况来看(根据大量的环境纠纷案例,如萧山案例、东阳案例以及福建屏南县的环境纠纷案例,[117]顾金土,2007),环境污染企业与周围居民虽然构成一个使用环境资源的共同体,但是并不构成一个社区,因为企业根本没有考虑周围居民的损失和他们的生存环境的危机,因此这些企业往往不顾周围居民的反抗,坚持选择非法排污的行为,否认超标排污的事实,也拒绝承担环境污染责任。在污染企业看来,与周围居民的紧张关系并不会对其效益构成有效的威胁,相反,进行污染治理,构建和睦的社会关系却会使企业的效益受损,企业的这种行为虽然在主观上没有故意伤害周围居民的企图,但是对周围居民造成的伤害对他们来说是可以预见的。因而可以认为,污染企业夺取了周围居民在环境资源上的使用权,而且不承担自己给周围居民带来的损害,表明污染企业单方面选择了与周围居民形成一种竞争关系。

3.2.3　公众因素

公众在环境管理过程中作为污染的产生者和环境保护者,其环境管理能力的高低主要体现在其环境参与能力上,保护环境就是保护公众的环境权和生存权。环境保护是全社会的责任与义务,涉及每个人的切身利益,开展环境管理需要社会公众的广泛参与。一方面要加强环境保护的宣传教育,提高公众的环境意识;另一方面要建立健全环境保护的社会公众参与和监督机制,这是强化环境管理的两个重要条件。只有广泛的公众参与,才能实现保护和改善环境的目的(赵越,2007)。

3.2.4　政府、企业和公众在环境管理系统中的作用

在环境管理系统中,政府能力、企业能力和公众能力这三大子系统之间的相互关系模型如图3-3所示。

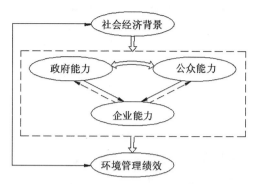

图 3-3　政府、企业和公众在环境管理系统中的作用模型

Figure 3-3　Interaction model that governments，enterprises and the public in the
environmental management system

　　微观而言,环境管理系统可以划分为三种基本力量,即政府、企业、个人。政府作为环境管理系统的一个主要力量,向社会提供公共消费品和服务,同时掌握着国有资产和自然资源的使用权以及对自然资源的开发利用的经营权和管理权,它可以利用税收和制定相关环境政策等手段对市场进行宏观调控,以达到控制污染排放的目的。

　　企业作为环境管理的对象,是社会生产活动中最大的污染者,无论什么样的企业,在其生产过程中,必然会向周围环境索取物质、能量,同时又排放出一定数量的污染物,而治理污染又需要一定的环境保护投资,这些投资对企业管理者而言认为预期收益是低于环保投资成本,或者是根本没有收益的,这违背了企业追求利润最大化的原则,所以虽然企业在环境管理系统中作用重大,但它们却缺乏自主参与环境管理的积极性。否则,就不会出现许多跨国公司借援助开发和投资之名,将大量危害环境和人体健康的生产行业进行转移的事例[118](夏友富,1999)。因此,企业的生产活动对环境造成的影响是不可避免的,只是随着环境管理的过程控制和监督,这种影响可大可小。

　　公众作为环境管理系统的一种基本力量,是由于公众中的每一个人在消费物品的过程和在消费过程中会产生各种各样的废物,并以不同的方式进入到生态环境中,从而造成环境污染排放,但与此同时,公众又是进行环境管理不可缺失的力量,公众的环境参与会对政府的环境管理产生重要影响,尤其是在政府的环境政策失灵的时候,公众对环境管理的参与将在一定程度上起到控制污染排放的舆论约束力量。

　　这三种基本力量相互影响、相互作用,达到一种动态均衡状态,从而形成一个区域特有的环境经济发展状况。其中政府在环境管理中的主要作用是环境治理,企业在环境管理中的主要作用是环境污染排放,公众在环境管理中的主要作用是环境污染排放和环境治理并存。

3.3 环境管理的两种模式

在环境管理系统中,论文研究的视角摒弃企业参与环境管理的情况,仅考虑政府因素和公众因素的环境管理的模式进行剖析,把企业因素当成环境污染的制造者纳入环境管理系统。

3.3.1 政府主导型的环境管理模式

1. 中央政府无力"全能"

我国在传统的行政管理体制下,政府长期扮演着"全能政府"的角色,突出表现为政府在经济领域对整个社会的大包大揽,由国家实行的高度集中的计划经济承担着配置社会资源的职责,国家下达指令性计划对各种生产任务进行控制,在社会领域同样实行严格的行政控制,抑制社会参与。伴随着改革开放的深入和社会主义市场经济体制的逐步建立,中国的社会经济结构面临深刻的变化和调整,工业化导致的环境污染和由此引发的各种社会问题面临新的分化和合理定位,"全能政府"的管理模式已逐渐不适应现状。

早在 20 世纪 80 年代,我国在环境管理方面出台了较多的以政府直管型为主的管理措施、管理制度,在环境管理中发挥了重要的作用。在工业化的初期,一方面,较大的环境容量,较小的环境污染,使人们忽视了环境保护与污染控制;另一方面,物质的贫乏,社会需求的旺盛,掩盖了工业化引起的环境污染所导致的各种矛盾,环境问题似乎都集中在工业"三废"污染上,构成环境关系的只有政府和企业两个主体,环境管理目标也只有单一性特征。

随着环境污染的加剧,由环境问题引发的社会矛盾开始尖锐起来,可是在政府创办企业的指导思想指引下,政府往往会担心影响国计民生、劳动就业而迟迟下不了使重污染企业停产整顿或关闭的决定,环保法赋予环保部门对环境保护工作实施统一监督管理的职能,但在实际工作中往往会演变成唯一的监督管理者,唯 GDP 论政绩的考核机制使政府往往对已经产生的环境问题采取护短、遮丑等方法进行掩饰;在处理环境案件时,采用双重或多重标准执法,使一些案件不能得到及时处理或者处理不到位。

2.地方政府的破坏性竞争

中国改革的过程,从某种程度上表现为由中央向地方的分权过程。早期的这种分权化改革曾经极大地激发和调动了各地方政府的积极性和活力。近30年改革的历程证明,地方政府无论在经济发展还是在环境保护方面一直扮演着非常积极而重要的角色。在经济发展和改善民生过程中,这种通过向地方分权进而促进地方政府间竞争的改革模式,被认为是造就中国经济社会进步的最重要因素。但是随着改革过程的深化,特别是在近几年来,地方政府的一些竞争举动却对环境表现出越来越明显的破坏性。一些地方政府不仅乱铺摊子、争上项目,大搞低水平重复建设,而且在面对中央的宏观调控政策时试图"暗度陈仓",甚至认定"只有打中央政策的擦边球,才能在发展中赢得先机",为了短期的 GDP 政绩违规行政,千方百计降低污染企业的准入门槛,为此不惜损害公众利益。地方政府经济建设上的短视行为形成环境污染问题解决的地方保护主义,造成本地区环境污染荷载存在不同程度的超负荷运行。

在渐进性改革中,中央政府通过"放权让利"增加了地方政府的"行政权威"。原来传统的中央集权经济体制下,中央政府控制了所有的社会经济资源,对所有行业、企业如何发展、发展快慢等具有决定权,地方政府只是行政等级中的一级组织,只是被动接受和执行上级政府的指令性计划反映所辖区域社会、经济运行的状况,没有任何决定权。因此,中央政府具有绝对的"行政权威"。随着我国渐进式改革的深入,中央政府对于地方政府经济社会建设"放权让利","形成了过渡时期地方政府推动经济增长的主体格局,造就了中国特有的以地方行政利益为边界的市场竞争关系和经济增长方式"[119](王国生,2001)。在中央政府的倡导下,地方政府开始对企业进行监管,以激励发展地方经济,消除区域差距,实现"共同富裕"。由于企业的行政管理权基本归所属地地方政府所有,这就使地方政府获得了很大的对企业的实际决定权。在市场经济体制建设的不完善时期,环境保护的法律法规还不够健全和完善,环境保护的"法治权威"有待全面树立,因此,在"趋利"成为典型经济特征的时代,在环境管理"人治"与"法治"混合的过渡时期,掌握权力的官员就往往会动用手中的权力谋取私利,环境问题"权力寻租"的现象将很难避免。

地方政府经济利益和目标取向的各自独立,使"中央政府和地方政府之间不再是简单的行政隶属关系,而是带有相当程度的对等博弈主体角色"同[119]。自 20 世纪 80 年代始,国家财政体制改革对乡镇政权的财政能力不断削弱,使得谋求经济之利成为基层政府生存的核心内容,再加上我国对行政官员的考核以当地 GDP 增长为主要指标,因此,下级政府为了完成促进 GDP 增长的考核目标,穷其心智寻求 GDP 的增长,这些目标基本通过廉价出卖资源和不计成本的招商引资来实现[120](陈宁,林汉川,2008)。

3.3.2 公众参与环境保护的行为模式

公民社会的理念不是我们今天许多人所理解的那种仅仅以个人权利为主的"公民的社会"。它指的是正派的社会,一种因文明而正派的道德秩序。我国在 30 多年的环境保护历程中,政府的环境管理主要通过以行政管制为主要手段,辅以司法手段,以达到减少和控制污染发展的目的,公众在环境管理中缺乏参与的基本途径,公民社会的理念还不够系统。但是,由于环境问题具有"高度科技背景与决策风险"和"广度利益冲突与决策权衡"两项特质[121](叶俊荣,2003),这给予了公众在政府失灵状态下参与环境管理的基本动力,使得无论法律法规及政策是否赋予公众参与权,公众都会基于利益需求而采取各种途径与方式参与到环境管理中去,事实上,我国环境保护政策与法律法规也是不断地在回应着公众的参与需求。

一般而言,公众参与环境管理的行为模式主要有三种:个体参与模式、组织参与模式和利益代表参与模式。

1. 个体参与模式

个体参与环境管理的模式往往发生在环境污染造成较为严重的人身健康损害与财产损失后,受害公民通过个体寻求政府与法院的救济来维护自身的权益。由于寻求司法救济往往需要付出巨大代价,使得公民更多的选择信访的方式寻求政府救济。这种单打独斗式的环境维权往往代价相当大,而且很多情况下也难以得到真正的救济。主要原因在于:第一,政府在对环保案的审查时,不仅仅考虑的是公民的个人权利,它还需综合考量政治、经济等各种要素。公民个人权利只是政府决策权衡的因素之一,很多情况下并非首要因素。在这种政府审查方式中,民众个体得到良好及时的救济的概率是比较低的;第二,当公民依靠个人力量寻找政府救济,缺乏组织性,差异性很大,政府由于缺乏的人力与良好的制度及技术支持,会倾向于不作为,由此公民的诉求就容易在政府部门间"踢皮球"的过程中消解掉;第三,前文已经论述过,在相当长的时间内,由于发展经济的压力,个别地方政府容易与那些污染大户却也是纳税大户形成某种同盟,也即管制俘房,政府就更不可能公正地处理民众的诉求了。

2007 年,一个普通的环境污染损害赔偿案件引发了湖南省人民检察院和最高人民检察院的抗诉。湖南省吉首市邮政局的退休干部刘德胜由于居处在农机局对农用车辆进行年检和喷漆的地方,其污染致使刘德胜患上淋巴癌。刘德胜手中有市环保局两次对农机局污染做出处理的"铁证",以及同院里的 9 名邻居患癌症的事实,他提起的这起污染损害赔偿案件也并不是十分复杂和重大的案件,但却经过了四次审理、两级检察院两次抗诉,经历了长达 5 年的时间①。由于环境污染对人体伤害往往难以得到鉴定或确定,这本身就是民众寻求救济的最大障碍,而现又因为某些政府权力的不当介入,公民个人往往缺乏强大的"武器"去抗衡政府的这种不当介入,使得民众即使有很确切的证据也难以得到及时的救济。

2. 组织参与模式

民间环保组织又称环保 NGO,是一种除个体参与之外,公众以组织的形式参与环境管理的模式。中国的民间环保组织产生于 20 世纪 80 年代以后,由于经济发展对环境造成的污染、群众性环境保护意识的觉醒、环境保护运动的兴起以及原先部分行使环保职能的部门是事业单位等因素为民间环保组织提供了丰富的经济根源、社会根源和组织基础,从而促使环保非政府组织迅速发展起来。截至 2008 年底的最新统计,包括港、澳、台地区在内,中国的环保 NGO 已经达到 3539 家,从业人员约 30 万②。民间环保组织不但起着环保宣传的作用,更开始参与到政府的决策中去,从云南怒江水电开发问题到厦门的 PX 项目事件,(见注)已经成为推动中国和世界环境事业发展的不可或缺的重要力量。

注:2003 年 3 月 14 日,华电集团与云南省政府签署了《关于促进云南电力发展的合作意向书》,云南省政府表态支持开发怒江。8 月 12 日至 14 日,国家发改委召开对《怒江中下游水电规划报告》的审查会,并通过了怒江中下游两库十三级梯级开发方案。9 月份国家环保局提出了关于怒江保护及西南水电开发的生态环境问题的报告。在随后的两次"专家座谈会"上,专家们围绕怒江水电开发问题产生较大争议。2003 年 10 月 1 日,非政府组织"云南大众流域"开始对怒江流域进行考察,并希望能以 NGO 的名义说服当地政府;10 月 25 日,在中国环境文化促进会第二届会员代表大会上,"绿家园"组织发动参会的 62 位各界人士联合签名,反对怒江大坝;11

---

① 环污赔偿案引发博弈是什么迫使最高检亲自抗诉. 法制日报,2007-02-02,引自 http://news. xinhuanet. com/environment/2007-02/02/content_5686012. htm

② 张俊. 在决策中体现民意. http://www. sepa. gov. cn/hjyw08/200812/t20081216_132462. htm

月,在"第三届中美环境论坛"上,最后的议题在绿家园等组织的扭转下,转向了如何保护中国最后的生态江——怒江;11月底,在世界河流与人民反坝会议上,绿家园、自然之友、云南大众流域等中国民间环保组织为宣传保护怒江而奔走游说,最终60多个国家的NGO以大会的名义联合为保护怒江签名,并引起联合国教科文组织对怒江的关注。2004年3月26日至29日,在第五届联合国公民社论坛会上,绿家园的代表作了《情系怒江》的专题讲演,取得了各国代表的支持。因为这些NGO的呼吁和推动,中央领导人批示,暂时搁置了一度如箭在弦的怒江大坝工程。(摘自:《中国环境记者调查报告2006年卷》)

注:厦门海沧PX项目总投资108亿元,国家环保总局2005年批准了《PX项目环境影响报告书》,2006年6月7日该项目经过国家发改委核准,于11月开工建设。但该项目刚刚动工,就遭到了中国科学院院士、厦门大学教授赵玉芬等人的反对,并且向中央、省、市有关部门去信反映。随后,厦门6月1日至2日发生公众散步事件。厦门市政府紧急反应,委托中国环境科学研究院开展"厦门市城市总体规划环境影响评价",并以多种形式征求公众意见。参与环评的居民中,除一名居民缺席外,所有选出居民代表均在座谈会上表态。在发言的57人当中,共52人对石化工业产业链向上游发展提出反对,其中7名为人大代表。(摘自:《厦门:PX项目建设与否取决于环评结论》,《新华每日电讯》,2007-06-08,第1版,并综合新京报《市民反污染不能只靠"传短信"一条路》、南方都市报《厦门百万市民疯传同一短信反对建高污染项目环保重压》、二十一世纪经济报道《厦门百亿PX项目缓建》等相关报道。)

民间环保组织的有序参与和有效的组织与对话,使得分散的个体参与力量在组织的活动下形成了一个"拳头",环保力量得到聚集,以怒江建坝为例,正是由于环保NGO的参与,让怒江的建坝之争受到中央高层、全国人民及世界组织的关注,进而怒江水电坝的建设得到缓建。组织参与环境管理的模式得到了公众的认可,也得到政府的认可,因此在环境保护中的作用也得到较好的发挥。但是,由于环保组织的非政府性,加上起步晚和发展不均衡,致使环保社团组织开展活动的能力有限,除一些大的民间环保组织之外,我国大部分自发的民间环保组织组织松散,内部机构建设不完善,工作随意性大,政府更是由于警惕和种种担心,较少给予民间组织的作用空间,而由政府发起成立的环保民间组织往往独立性不够,使得民间组织参与政府决策受到较大的限制,参与程度有待加深。

3. 利益代表参与模式

"利益代表参与模式"的概念是由美国著名行政法学者理查德·斯图尔特提出的,是"通过一种新的对行政机关裁量权的'严格审查'形式,法院要求行政机关对所参与的各种利益组织提交的事实性、分析性或者政策性报告做出处理和回应,运用由规章制定记录所支持的详细的理由来为他们的政策决定辩护。这种结果就是我所称为的'利益代表模式',它试图保证行政机关裁量权的公开和合理行使,以回应对所有相关利益团体的关注"[122] (L. B. 斯图尔特,2004)。笔者把它套用在环境管理中,即由环保行政机构通过某种程序选择利益代表参与到政府环境管理的决策中,并对所参与的各种利益组织或个体提交的事实性、分析性或政策性报告做出处理和回应,这种参与方式笔者称之为利益代表参与模式。

2005 年,由原国家环保总局召开的圆明园防渗工程听证会,被认为在中国环保史上乃至法治史上都具有标志性的重大意义。因为,它有多元利益代表共同参与,发出了多种声音。在 2007 年,原国家环保总局对沈阳和重庆两地社区圆桌对话效果的调查问卷显示:参加对话后,82%的参会人员对所讨论的环境问题和政府政策了解得更清楚了,80%的参会人员认为对话制度有助于提高公众保障自身权利、积极参与社会管理的意识①。

利益代表参与模式和听证程序非常相似,但这二者的主要区别在于:听证程序属法定程序,是由法律来规定的,而利益代表参与程序则属非法定程序,是由行政机关自主决定的,呈现更多的自由裁量特性。一旦听证程序的范围扩大,则利益代表参与程序就可纳入法定程序中。

但是在实际当中,由于利益代表参与程序不属于法定程序,不能明确纳入政府职能,缺乏考核、激励机制,为了便于驾驭,往往会"拣软柿子捏"找好操作的话题与具体事件,而且利益代表的遴选机制不能得到规范的保障,一些对话的参与者多半是凭借热情,加之人员的培训方面还缺乏强有力的指导和支持,"代表"遴选范围不广,缺乏代表性,难以成为各方利益的代言人。对话程序也很难规范,导致较大的随意性,难以达到较好的程序控制。

---

① 黄娴,尹晓宇. 公众参与的新颖形式:圆桌对话点燃公众环保热情. 人民日报,2007-07-14. http://news. xinhuanet. com/politics/2007－07/14/content_6373054. htm

3.4　政府与公众在环境管理中的博弈分析

博弈论(Game Theory)是研究理性的决策者主体之间发生冲突时的决策问题及均衡问题,也是研究理性主体的决策者之间冲突及合作的理论。博弈论试图把这些错综复杂的关系数学化、理论化,以便更精确、更抽象地理解其中的逻辑,从而对实际应用提供决策指导。有关环境问题的博弈研究,在已有的文献中,专家学者从政治学、经济学和社会学等领域的研究视角,对环境管理各方参与的情况进行了博弈论分析,但主要侧重于政企之间、企业之间、政府之间、居民之间、企业和公众之间的博弈,很少涉及政府和公众之间的博弈[123][124][125][126](王冬梅,李万庆,2004;张一心,吴婧,朱坦,2005;莫申生,2008;卢方元,2007)。

在建设资源节约型和环境友好型社会的大背景下,在实现人与自然的和谐发展过程中,政府无疑是我国环境保护的主导力量。然而,公众对环境管理的积极参与,使得政府的环境管理行为不再唯一,政府所有关于环境管理的行为都可能在很大程度上受到公众的制约。

3.4.1　博弈各方的利益选择

政府和公众在对待环境保护的问题时,会根据自身利益最大化的取向,互相揣摩着对方将采取的策略,与对方进行着博弈,并采取对自身有利的策略。在环境保护参与活动中,政府根据当前阶段的实际情况,按照发展经济的需求和公众的环境承受幅度选择使自身利益最大化的策略;公众往往从受污染损害的程度、集体行动的可能性等方面选择参与策略。

"经济人"的经济行为并不会完全符合实际情况,即从其利益角度出发的行为本身及结果并不意味着它一定是好的或是合理的,作为以经济人出现的政府和公众的行为本身也在趋利性的作用下具有一定的不合理性,为此在公众与政府的关于环境管理的对局中,双方为了各自的利益最大化的目标便形成了博弈关系。

1.政府的利益

当前阶段,作为一个职能众多的管理者,政府承担着大量的政治、经济、社会等方面的职能。政府既要促进经济的发展,又要保持社会的稳定。发展经济、追求 GDP 的增长、增加财政收入,成为衡量政府绩效的主导指标。

但是同时政府承担着环境保护的大部分职能,是环境保护的主要力量。由于政府官员任期的限制,往往会导致对短期利益的重视,忽略需要长期可持续发展才能显现的环境利益。而公众环境参与水平的提高,使政府官员在考虑对上级负责的同时不得不考虑还要对公众负责。既要发展经济又要保护环境,提高人民生活质量的困境,导致政府需要判断面临外来压力的大小,根据自身的利益需求而与环境保护的参与其他方进行博弈。

2. 公众的利益

公众是由不同的独立的个体组成的,不同的个体有不同的利益诉求,对环境的感知和承受能力也不同,环境保护是一个公共问题,良好的环境是每个人的期望,但并不是人人都为之而参与环境保护,很多人选择“搭便车”的行为。特别是涉及比较多人的利益时,公众集体参与的热情随着人数的增多而成反比,对于公众之间就环保问题的博弈而言,属于典型的“智猪博弈”。正如曼瑟尔·奥尔森,所言:“大集团内部人际关系纵横交错,集体行动的可能性比小集团更低”[127](曼瑟尔·奥尔森,1995)。只有当环境问题严峻到对人们的生命财产产生威胁时,公众才能摒弃各种狭隘的观念,组成强大的组织参与环境保护。所以说,环境的危害程度、公众的认识程度以及公众的环境参与态度是使集体行动成为可能的重要因素。此外,除了对良好环境的需求,公众还有经济方面的需求,理性经济人身份要求他们将解决就业吃饭等生计问题放在首位。公众的这种既想提升生存的环境质量又有就业等利益方面的诉求的困境,造成了他们需要和政府进行博弈,使得经济发展和环境保护在某种程度上达到均衡。

3.4.2　公众与政府的博弈类型

作为环境保护博弈格局中两个局中人的公众和政府,在对环境保护问题进行博弈时,都将按照使自身利益(报酬函数)最大化的准则做出各自的策略选择,其中可供公众和政府选择的策略均是“参与”和“不参与”。于是公众和政府的报酬函数有:①政府和公众均参与;②政府参与,公众不参与;③政府不参与,公众积极参与;④政府和公众均不参与环境保护四种类型。为便于分析,进一步假设:

假设 1:公众因污染者的排污行为而遭受环境污染损害时,可采取举报、信访、控告等环境抗争的手段,这是基于自身利益的环境保护参与活动,但由于种种原因,多数公众也会选择沉默。在博弈中,公众针对上述情况,参与环境保护的概率为 α,不参与的概率为 $1-\alpha$。

假设2：面对公众的环境保护参与行为，政府并非都给予完全支持和配合，换句话说，政府对待公众环境污染投诉的受理以及环保建议的采纳是有所选择的。故而，给出政府对于公众参与环境管理的情况下可采取参与和不参与的策略，参与的概率为γ，不参与的概率为$1-\gamma$。

假设3：对污染制造者来说，其选择不控制污染的目的是为了降低生产的成本，达到对自身利益最大化的追求，因而污染者是不愿意主动治理污染的。

（1）模型求解

在污染者不治理污染的情况下，政府与公众分别采取各自相应的策略集，此时，各方收益矩阵见表3-1。

表3-1　政府和公众的收益矩阵

Table 3-1　pay-off matrix between government and the public

公众 ＼ 政府	参与	不参与
	γ	$1-\gamma$
参与 α	$h_1-g_p-D, f+U-g_g$	$h_2-g_p-D, -U$
不参与 $1-\alpha$	$-D, f-g_g$	$-D, 0$

其中，具体的参数意义设置如下：D——污染给当事人带来的危害；g——参与成本，g_p为公众的参与成本，g_g为政府的参与成本；f——政府罚款；h——给予参与者干预行为的补偿，当在政府介入的情况下为h_1，在政府不介入的情况下为h_2，且$h_1 > h_2$；U——应公众积极要求政府介入而获得的公信力。

在纯策略的情况下，通过收益矩阵可以看出，政府和公众最佳的策略选择是共同参与环境管理，但实际中，由于政府和公众各方的利益选择，需要进一步考虑在混合策略下各方的博弈。此时可得：

公众的期望收益函数为：

$$\mu_p(\sigma_1, \sigma_2) = \alpha\gamma(h_1-g_p-D) + \alpha(1-\gamma)(h_2-g_p-D) - (1-\alpha)\gamma D -$$
$$(1-\alpha)(1-\gamma)D$$
$$= \alpha\gamma(h_1-h_2) + \alpha(h_2-g_p) - D \tag{3-1}$$

政府的期望收益函数为：

$$\mu_g(\sigma_1, \sigma_2) = \gamma\alpha(f+U-g_g) + \gamma(1-\alpha)(f-g_g) - \alpha(1-\lambda)U$$
$$= 2\alpha\gamma U + \gamma(f-g_g) - \alpha U \tag{3-2}$$

按照 Nash 均衡定义,在给定政府的混合策略 $\sigma_2 = (\gamma, 1-\gamma)$ 条件下,寻求 α 值以使公众的期望收益 $\mu_p(\sigma_1, \sigma_2)$ 达到极大,令 $\dfrac{\partial \mu_p(\sigma_1, \sigma_2)}{\partial \alpha} = 0$,得:

$$\gamma = \frac{g_p - h_2}{h_1 - h_2} \tag{3-3}$$

同理,在给定公众的混合策略 $\sigma_1 = (\alpha, 1-\alpha)$ 条件下,寻求 γ 值以使政府的期望收益 $\mu_g(\sigma_1, \sigma_2)$ 达到极大,令 $\dfrac{\partial \mu_g(\sigma_1, \sigma_2)}{\partial \gamma} = 0$,得:

$$\alpha = \frac{g_g - f}{2U} \tag{3-4}$$

综上所述,可以得出政府和公众混合策略 Nash 均衡:

$$\left\{ \frac{g_g - f}{2U}, 1 - \frac{g_g - f}{2U} \right\}, \left\{ \frac{g_p - h_2}{h_1 - h_2}, 1 - \frac{g_p - h_2}{h_1 - h_2} \right\}$$

(2)结果分析

对政府而言,依据 $\gamma = \dfrac{g_p - h_2}{h_1 - h_2}$,得出以下结论。

①公众的参与成本 g_p 越高,政府选择参与环境治理的概率 γ 越大。

②在公众自身参与所能给予的补偿越小的情况下,政府选择参与环境治理的概率 γ 越大。

③政府给予参与者的补偿标准 h_1 制定得越高,政府参与的概率也越小。政府选择参与环境管理的策略的临界点为 $h_1 - h_2 \in 0$,即 h_1 和 h_2 无限接近时,也就是说对公众干预行为的补偿与政府制定的补偿数值相等时。

对于公众而言,依据公式 $\alpha = \dfrac{g_g - f}{2U}$,得到以下结论。

①政府参与成本越大,公众选择参与的概率 α 就越大。

②在政府对污染行为惩罚不力的情况下,公众选择参与的概率 α 就越大。

③政府的公信力越小,公众选择参与的概率也越大。

基于以上假设,通过分析可以认为,公众对环境治理活动的参与概率有赖于政府设计的补偿和惩罚机制,并通过调动参与公众的人数达到监督污染行为的目的。不难看出,政府本身的处罚金额越大,表明政府的执法力度也越大,这是一个强大的政策信号,在此情况下,污染者非法排污所获得的额外利润与面临的巨额罚款威胁相比,没有诱惑激励,可致公众选择参与环境治理的人数减少,进而个人参与成本提高,参与所能带来的收益也越小,因此公众选择参与环境管理的概率下降。同时,政府参与环境治理活动所能获得的公信力与公众参与的规模和人数有关,公众参与规模越大,参与人数越多,对政府公信力的影响就越大。此时,政府若采取有效措施治理污染所带来的公信力就越高,在不参与情况下丧失的公信力就越多。实质上,在政府的这种激励约束框架下,能够调动更多的公众参与环保,即促使公众参与的个体行为向群体行为转化,这样才能够起到监督污染的作用。在整个博弈过程中,同参与公众的人数和规模息息相关的政府公信力、政府对污染行为的惩罚力度以及对当事人的补偿是很重要的影响因素,政府制度选择的一个目标应是调控公众参与的人数和对污染行为的执法力度。

尽管在公众与政府的博弈分析中预设了一些约束条件,遗憾的是在现实当中,很多情况与假设的确定关系难免会有差异。在今后的研究中,将试图逐步放松这些假设以期得到一些更有意义、更符合现实的结论。

3.5　本章小结

本章首先从系统论的角度对环境管理进行了系统学分析,接着简要概括了政府、公众和污染者在环境管理系统中的作用,讨论了环境管理的两种模式:政府主导型环境管理模式和公众参与环境管理的模式。最后用博弈论回答了政府和公众在环境管理中的混合策略集。

第4章　影响公众环境参与能力的 社会结构分析

党的十七大报告强调指出：必须把建设资源节约型、环境友好型社会的要求落实到每个单位、每个家庭[128]。这进一步深刻说明了人民群众在环境管理中的地位和作用。只有依靠广大的人民群众,提高全民的环境意识,增强保护环境的紧迫感和责任感,让每个公民、每个家庭、每个社区、每个单位都积极行动起来,从一点一滴做起,从力所能及的事情做起,广泛动员全社会的力量共同参与环境管理,充分发挥广大人民群众节约资源、保护环境的积极性、主动性和创造性,才能自觉形成资源节约和环境保护的良好社会氛围,增加政府环境管理政策落实的效率。

4.1　我国公众环境参与能力的成长

本论文依据1998年和2007年由国家环保局牵头负责的全国范围的调研报告——《中国公众环境意识调查》,以及2003年由中国人民大学负责的《全国综合社会调查——环境卷》,在对其进行整体归类描述的基础上,进行具体详细的比较研究,一方面提高自己研究成果的可靠性和可信度,另一方面也提高了现有资源的利用价值,以期对我国公众环境参与能力的成长做出阶段性的描述。

4.1.1　1998年公众的环境参与能力

1998年,由国家环保总局和教育部牵头组织完成的公众环境意识抽样调查涉及全国31个省、市、自治区,获得有效样本1049个,最后的调查数据结论汇总成了一份《全国公众环境意识调查报告》,并由中国环境科学出版社公开出版[129]（国家环保总局教育部,1999）,调研关于公众的环境参与能力,最终形成以下几个方面概括性的调查结论。

1.公众的环境认知

虽然有较多人数的公众认为我国环境问题严重,但调查结果显示公众对环境污染的重视程度不如对重大社会问题的重视程度高,对环境污染的关注位居社会治安、教育、人口和就业问题之后,排在第五位。环境污染中公众最关注的是水污染和大气污染。同时,调查还显示出教育程度与环境问题的重视程度成正比。

2.公众的环境态度

首先,公众的环境态度处于较低的层次。对当地政府采取的环保措施知情率极低,对环境保护的概念模糊,超过三分之一的人对"治理污染措施"的认识还停留在环境卫生的层面上。其次,公众对环境污染的态度是很强的"依赖政府型"。尽管人们普遍承认企业和个人是造成环境污染的责任者,但仍认为保护环境的主要责任是政府,包括中央政府和地方政府在内的环保方面都应负更多的责任。最后,在对待发展经济和保护环境关系的态度上,公众更倾向于在当地的发展过程中,经济建设重于环境保护,几乎一半的人都认为"经济发展不可避免地会破坏环境",另外,不足三分之一的公众愿意为了保护环境而提供较高的支付意愿。

3.公众的环境行为

公众对环境保护行为的总体参与水平较低,涉及政治和法律等较高层面的行为就更少,诸如为环境问题投诉、上访的人数不足 4%;只有当环境污染直接侵害到个人利益时,才会采取个体行动诸如通过"找厂方交涉"的途径来维护自己的合法权益。调查数据还显示,公众环保参与水平与受教育程度之间近乎完全线性相关,文化程度越高,参与环保活动的水平越高;公民的年龄和环保参与水平不相关。

4.公众对政府环境管理工作的评价

大多数公众认为政府的环境管理工作做得最好的是宣传教育工作,同时还认为政府最应大力加强的环保措施还是环境宣传教育。这在一定程度上恰恰说明公众对自身参与环境管理的能力认识不足,对公众参与环境保护的重要性还没有引起应有的注意。公众主要通过政府主渠道获取环保信息,尤其是电视、广播、报刊等。

4.1.2　2003 年公众的环境参与能力

2003 年 6 月至 11 月,中国人民大学社会学系组织实施了"全国综合社会调查",其中一部分内容涉及公众的环境参与能力。在这次覆盖全国城市的调查中,采取了分层抽样的方法选择调查地点,共完成样本 5078 个,其中有效样本 5073 个。调查的主要结论有[130](洪大用,2005):

1. 公众的环境认知

公众环境认知水平整体得分低于自我评价的分值。调查显示,被访者环境意识水平在 60 分以上,但低于自我评价的平均值 70.82 分,说明公众在对环境问题的认识上有高估自己认知能力的倾向。此外,根据洪大用的研究,"从整体而言,我国公众的环境意识居于人类中心倾向与环境中心倾向之间,但似乎更偏向于人类中心倾向"[131](Catton, W. R. Jr., R. E. Dunlap, 1978),从而可以看出,我国公众的环境认知能力还是处在"浅层"的低层次特征。

2. 公众的环境态度

研究进一步发现,公众的环境意识和对环境问题的关注更多的是源自个人利益,而不是社会责任。因为,在面对发展经济与保护环境面临两难的境况时,多达 73%的公众愿意选择优先保护环境,但是,半数以上的人认为政府应该承担环境管理的责任,不愿为保护环境提供花费,却有很少人愿意为了与自己无关的环境污染问题向污染单位或者政府提出抗议。此外,主动通过读书、网上搜索、亲戚朋友之间交流渠道了解环境问题的人占很少的比例,绝大多数(90.1%)被访者主要是通过电视来增加对有关环境问题的了解,在对环境信息的获取上缺乏主动性。

3. 公众的环境行为

在调查中,问卷就有关环境保护的实际行动列举了十种个人可能参与的环保活动或行为,询问被访者在调查之前的最近一年里是否参与过这些活动和行为。数据分析的结果显示,公众参与环保活动或环保行为仅限于偶尔的"对塑料包装袋进行重复利用""采购日常用品时自己带购物篮或购物袋"等。因此说明只有当环境问题影响到个人生活的时候人们才会去采取一定的行动,这种行动也只是维护"个人利益"的行为,而不是促进公共环保的行为,所以,表现在环保行为上主动性差、层次亟需进一步提高。

4.公众对政府环境管理工作的认识与评价

半数的公众认为政府的环境管理工作"尽了很大努力",认为自己获取环保信息渠道有限,近乎 70％以上的公众依赖报纸和电视获取环保信息,其中对于公众环保信息下情上达的渠道更不熟知。

不难看出,公众的环境认知水平和环境参与意识较 1998 年有了一定程度的提高,但公众的社会责任感并未增强,在从众心理的驱使下,很难将这种对环境问题的觉醒付诸个人行动,如果没有一定的利益驱使公众是很难主动自愿参与环境保护的。一方面是公众的觉醒,对预期的降低,另一方面依然是政府主导的环境管理模式,命令—控制型的政策难以落实,而且增加了执行成本,公众预期的不明朗使得他们愈来愈多地采取观望的态度,宁可搭便车也不愿意主动参与,这一切都使得环境这种公共产品无法实现最优的供给,表现出很明显的"光说不练"的群体行为特征。

4.1.3　2007 年公众的环境参与能力

2007 年公众环境意识暨环境参与能力调查由联合国开发计划署、国家环保总局宣传教育中心和商务部中国国际经济技术交流中心,以及中国社会科学院社会学研究所共同发起实施,调查时间在 2007 年 12 月份,调查涉及全国各级城市和乡镇社区,获取样本 3001 份,目的是根据科学的社会调查数据了解当前公众的环境意识状况,为进一步加大环境宣传和教育的力度,提高公众环境管理的能力提供可靠的决策依据,研究成果于 2008 年初公布。这一时期的公众环境参与能力主要归纳为以下几个方面。

（1）环境认知能力更强。超过 50％的公众知晓环境科学知识的基本概念及其确切含义,但对环境科学知识的实际知晓度及其认知广度却不足,即环境科学知识的实际认知能力偏低。就环境敏感性认知而言,公众总体上认为环境污染问题已成为我国严重的社会问题,而对于个人居住区域环境问题的严重性程度判定较低。

（2）环境态度明显提高,环境意识进一步觉醒。虽然公众认可环境保护的重要性和必要性,并表现出环境保护的紧迫感与责任感,但在保持经济发展、人们生活水平与保护环境的关系方面仍表现出一定的功利性,公众将解决环境污染的根源依次归因为地方政府、企业、中央政府、公众个人、新闻媒体和民间环保组织。

（3）环境行为尚未形成普遍的习惯。公众的环境保护行为主要是日常生活中不需要增加个人支出或者不会给个人生活带来一定不便的环保行为,如节约用水/电和节约用气等,达到89.6%,较少的公众选择特意不使用塑料袋(占22.1%)以及虽然价格高但仍尽量选择有机食品(39.3%);广泛接受大众传媒中的环境保护信息,但参与环境保护的行为不足,仅有18.1%的公众参加有关环境保护的公益活动;调查还显示,公众参与环境保护的实际经历明显能够增强他们的环境认知能力。

(4)满意中央政府的环境管理工作。公众认可中央政府的环保工作,并对环境宣传表示满意,对本地政府的环境管理工作表示不满意,并对公众的环境参与意识和参与行为不满。

事实上,从20世纪90年代中期至今,公众有关环境问题最常见的参与途径就是向政府环境管理部门来信、来访和举报。这从另一个角度反映着公众的环境参与能力高低,见表4-1。

表 4-1　20 世纪 90 年代中期以来的环境纠纷情况

Table 4-1　The environmental dispute since the middle 1990s

年份	环境污染与破坏事故数(次)	环境污染与破坏事故直接经济损失(万元)	群众来信总数(封)	群众来访总数
1995	1966	3854.7	58678	94798 人次
1996	——	——	67268	47714 批次
1997	——	——	106210	71528 人次\29677 批次
1998	——	——	147630	93791 人次\40151 批次
1999	——	——	230346	89872 人次\38246 批次
2000	——	17807.9	247741	139424 人次\62059 批次
2001	1842	12272.4	367402	80329 批次
2002	1921	4640.9	435020	90746 批次
2003	1843	3374.9	525988	85028 批次
2004	1441	36365.7	595852	86414 批次
2005	1406	10515.0	608245	142360 人次\88237 批次
2006	842	13471.1	616122	71287 批次
2007	462	3016.0	——	——

资料来源:1995—2000 年数据来源于洪大用等著《中国民间环保力量的成长》,中国人民大学出版社,2007,P3~4。其余数据来源根据当年《全国环境统计公报》整理。

4.1.4　公众环境参与现状总结

通过对 1998 年、2003 年和 2007 年公众的环境参与能力调查和对截面数据的描述,可以看出国人在近10年的时间里,公众的环境认知和环境态度有了飞速的提高,参与环境管理的能力得到了很大的进步。总的来说,当前我国公众参与环境管理的现状主要表现为以下几方面。

1.参与环境管理的形式为"政府依赖型"参与

我国参与环境管理的形式与西方国家不同,多数是以政府为主体的"自上而下"的形式,而不像西方国家主要是"自下而上"的方式。我国公众的这种参与方式很大程度上受主管的行政部门的态度决定,参与缺乏系统性和持续性,导致参与程度和参与效果很难得到保证。另外,公众过分依赖政府的参与导向,使得如不涉及自己的根本利益,公众很难把自己的独立立场充分地表达出来,从而很难实现真正意义上的公众参与对政府决策和政策执行的有效监督。

2.参与环境管理的过程为"末端参与"

从连续的事件调查中我们可以获得这样的信息,公众的环境参与具体实践多体现在环境污染或者破坏行为发生之后,并且这种环境污染或者破坏行为已经危害到了自身的利益,也只有在这种情况下公众才通过检举、诉讼等方式来维护自身的权益。由于环境问题具有危害的滞后性和不可恢复性等特点,这种末端参与不利于及时有效地防止环境纠纷和危害,与公众参与的根本性质有很大差距,也与实现环境法的目标相差甚远。

3.有组织的环境参与非常有限

我国公众非常缺乏有组织的参与环境管理的实践,国外的环境管理经验告诉我们,通过社会组织特别是非政府组织作为介于政府部门和盈利组织之间的中间组织,在环境数据调查、立法建议、政策监督等方面均发挥了重要的作用。我国公众更多的是依靠个体的单打独斗来维护自身的环境权益,集中表现为通过"信访"这个非正式渠道来进行自己对环境管理的参与。近年来,在我国也出现了公众有组织的参与政府环境管理的个案,但远未达到成为全体国民的一种自觉行动。

4.公众普遍的环境意识较低,参与效果有待提高

随着政府环境保护宣传教育力度的不断加大,我国公众的环境认知能力和环境态度水平在近两年都得到了明显的提高,越来越多的人认识到环境对于人类生存的重要性,并认识到保护环境是自己应尽的责任,然而由于人们见诸于行动的参与欠缺,所以仍认为保护环境是政府的主要责任,在环境保护与实践日常生活中不需要增加个人支出或者不会给个人生活带来一定不便的环保行为,缺乏保护环境的社会责任感,参与效果有待提高。

公众环境参与能力的这些结构层次因素,在一定程度上体现了政府的环境管理水平,折射了地方政府在治理环境问题中的管理绩效,成为面向公众参与的政府环境管理绩效评价的必要基础。因此,笔者以 2003 年中国人民大学社会学系组织实施的“全国综合社会调查——环境卷”和 2007 年 12 月由联合国开发计划署、国家环保总局宣传教育中心和商务部中国国际经济技术交流中心,以及中国社会科学院社会学研究所共同发起实施的“公众环境意识暨环境参与能力调查”数据库为支持,以进一步深入研究影响公众环境参与能力的因素。

4.2 影响公众环境参与能力的个体因素分析

4.2.1 数据来源和方案设计

为探寻当前个体因素对我国公众环境参与能力的影响,在本节研究中,笔者选择了代表公众个人禀赋的性别、年龄、受教育程度、收入和职业因素,对其和公众环境参与能力之间的关系进行多元回归分析,了解不同群体的环境参与能力的差异和分布特征。数据来源于 2007“公众环境意识暨环境参与能力调查”数据库。

在 2007 年“公众环境意识暨环境参与能力调查”问卷中,笔者选取 B15 题中 15 个子问题作为环境敏感度总得分,这 15 个关于环境污染与生态破坏问题严重程度的判断,依次为非常严重、比较严重、不太严重、没有问题、不清楚,分别赋值为 3 分、2 分、1 分、0 分和 -1 分。选取 B19 题中 15 个子问题作为环境态度总得分,除子问题 5、子问题 14 和子问题 15 是正向问题,其他都是负向问题,即对负向问题选择很不赞成、不大赞成、比较赞成、很赞成,依次赋值为 3 分、2 分、1 分、0 分,对正向问题选择很不赞成、不大赞成、比较赞成、很赞成,依次赋值为 0 分、1 分、2 分、3 分,对选择不清楚的赋值为 -1 分。选取 C1 题中 15 个子问题作为环境行为总得分,对选择完全符合、比较符合、不太符合、完全不符合、不适用的,依次赋值为 3 分、2 分、1 分、0 分、和 -1 分。

需要说明的是,笔者将被访者的职业分为两类:从事技术/管理工作和非技术/非管理工作。把离退休人员、学生、军人和警察纳入从事技术/管理工作的国家公务员、私营企业主、企业经营/管理人员、专业技术人员当中；农民、普通职工、个体经营者、下岗失业人员归类为非技术/非管理工作。

4.2.2 个体影响因素的多元计量结果

在公众个人禀赋和环境参与能力之间的关系中，以受访者环境参与能力得分为因变量，以年龄、性别、教育程度、收入和职业类型为自变量，建立多元回归模型（表4-2），在模型中，年龄、家庭月收入为定距变量，而性别、教育程度以及职业类型为虚拟变量。

表 4-2 影响公众环境参与能力的个体因素多元回归结果

Table 4-2 The results of multiple regression in individual factors that influenced public capability of environmentally participating

自变量	回归结果
性别(男＝1)	0.227(0.082)
年龄	−0.021(0.003)
受教育程度(参照组＝小学及以下)	
初中	0.157(0.181) *
高中	0.321 (0.211) * * *
大专	0.248 (0.109) * * *
本科以上	0.367 (0.332) * * *
家庭月收入	0.056 (0.012) * *
是否技术/管理工作(是＝1)	0.792 (0.101) *
常数项	8.127 (0.205) * * *
2R	0.221
调整后的2R	0.204
F 检验值	211.254 ***

4.2.3 结果的分析

从表4-2中可以看出：

第一，受教育程度对于公众环境参与能力的影响具有统计显著性。在控制其他变量的情况下,受教育程度对环境参与能力具有积极正面的影响,对环境参与能力均值的计算表明:与小学及以下的受访者相比,初中程度的受访者在环境参与能力方面要高出 0.16 分,高中程度的受访者高出 0.32 分,大专程度的受访者高出 0.25 分,而本科以上的受访者则高出 0.37 分。这表明,随着受教育程度的提高,公众的环境参与能力也相应地得到提高。

第二,经济收入对于公众环境参与能力的影响具有一定统计显著性。如果仅从家庭月收入与公众环境参与能力的相关性来看,相关系数达 0.581,表明经济收入与环境参与能力之间具有一定的关联,家庭收入较高者的环境参与水平也较高。

第三,职业对公众环境参与能力的影响具有一定统计显著性。从表中可以看出,从事技术或者管理工作的人群,其环境参与水平显著高于非技术或者管理工作的人群,由于职业技术化程度对教育程度有必然的要求,可以认为,凡职业组织化程度较高,受教育程度较高的人群,其环境参与能力的得分就较高,可见职业的技术化程度是公众环境参与能力的影响因素。

第四,在多元回归分析中,性别和年龄对环境参与能力的影响都不具有统计显著性。根据"2007 中国环境意识调查报告","就环境意识的性别影响而言,女性人群低于男性人群,且性别差异显著"。这说明性别差异的影响对环境参与能力还是存在的,但是在本多元回归中,由于构成总体环境参与能力的要素较多,性别因素相对于其他影响因素而言,对环境参与能力的影响还不够明显。就年龄而言,报告认为"青年人高于中青年人,且对于 34 岁以下人群来说是环保意识领先,但环保行为滞后"。说明如果仅从年龄来看,不同年龄段受访者的环境参与能力还是有一定差异,即年龄较轻者在环境敏感度和环境态度方面的得分略高。但是,在多元回归分析中,在加入受教育程度这一变量之后,年龄对因变量的影响不再具有统计显著性。这表明并不是年龄本身对环境参与能力产生影响,而是不同年龄段的受教育水平不同而使得在单因素分析中年轻者的环境敏感度和环境态度得分略高。

通过分析可以看出,在 2007 年公众环境参与能力的个体影响因素当中,受教育程度因素是最大的,其次是收入因素和职业因素,性别和年龄的影响不显著。因此,可以认为公众环境参与能力个体层面社会属性的影响大于天赋性因素的影响,公众受教育程度影响从另一层面充分说明了环境教育的重要作用。

4.3 影响公众环境参与能力的区域结构差异分析

4.3.1 研究假设

表 4-3 个人禀赋因素变量及定义

INC	收入(对照组:500 元以下) INC1=500～1200 元 INC2=1200 元以上	
EDU	学历(参照组:小学毕业及文盲) EDU1=大学毕业 EDU2=中学毕业	
GEN	女性(对照组:男性)	
YEA	年龄(对照组:55 岁以上) YEA1=18—36 岁 YEA2=36—55 岁	
OCC	Y=就业(对照组:失业),学生除外	
环境危害评价	Y=遭受(对照组:未遭受)	
REI	Y=城市(对照组:农村)	
环境知识		

自变量	环境参与能力 （模型 1）	环境知识 （模型 2）
控制变量 教育程度 （参照组：小学毕业及文盲） EDU1＝大学毕业 EDU2＝中学毕业 年龄 YEA1 ＝18—36 岁 YEA2 ＝36—69 岁 性别 女性（对照组：男性） 收入 INC1＝500 元以下 INC2＝500～1200 元 INC3＝1200 元以上 职业 就业（对照组：失业），学生除外 环境危害评价 遭受（对照组：未遭受） 户籍 城市（对照组：农村）		

　　公众环境参与能力结构层次的影响因素反映在社会的经济发展水平、环境问题状况、环境科学发展水平、主导价值观念、政府管理体制、大众传媒的渗透程度、环境教育的普及程度以及环境保护工作的力度上。由于我国政治体制的特殊性，中央政府的主导价值观念和环境管理体制在各地方政府中应表现为无差异性，从而使不同区域结构之间的主导价值观念和环境管理体制不具有差异性而失去比较的意义，所以在研究假设中，我们除去这两个因素，挖掘社会结构层次中涵括的其他因素对公众环境参与能力的影响，这里选择衡量地区经济社会发展程度与环境管理的一些客观指标来体现。

1. 变量设置

　　区域不同的发展规模、发展程度和发展水平，其大众传媒的渗透程度、环境教育的普及程度不同，相应的地区政府环境保护工作的力度以及环境治理的成效也存在差异,并且这种差异公众是可以感受的,公众的这种积极的感受能改善其主观上对环境的认知水平,进而提高公众的环境参与水平。因此,对区域不同发展规模、发展程度和发展水平的公众环境参与能力进行分析研究,可以对政府环境治理成效结果进行归类,发现政府环境治理的内在规律性,有利于为以后研究面向公众环境参与的政府环境管理提供基础、进而提出对策建议。首先确定自变量和因变量。

（1）因变量

本文研究的因变量是公众环境参与能力。依据前文对公众环境参与能力内涵的界定,并为了考察其区域社会结构的影响因素,需要对公众的环境参与能力进行定量分析,为了实现这个目标,这里首先建立构成公众环境参与能力的评价指标构成体系,并将各指标转换成标准化得分,见表4-4。

表4-4　公众环境参与能力评价指标的标准化计算

Table 4-4　standardized calculations of evaluation index on public capability of environmentally participating

评价指标构成体系	样本得分	权重	标准化转换后样本得分	加权得分
环境敏感度	a_i	0.3	$50 + Za_i$	$0.3 \times \sum_{i=1}^{n}(50 + Za_i)/n$
环境参与态度	b_i	0.3	$50 + Zb_i$	$0.3 \times \sum_{i=1}^{n}(50 + Zb_i)/n$
环境参与行为	c_i	0.4	$50 + Zc_i$	$0.4 \times \sum_{i=1}^{n}(50 + Zc_i)/n$
总分			50	

注:n为样本总数、Za为Z标准化后环境敏感度样本得分、Zb为Z标准化后环境态度样本得分、Zc为Z标准化后环境参与行为样本得分。

（2）预测变量和控制变量

本研究中的预测变量是对公众参与能力有影响的区域社会结构变量,这是一个连续变量。具体包括地区规模、城市化水平、地区经济社会发展水平（生活质量和人口素质）、工业化水平、地区环境治理的投入等,为了更清楚地检验区域社会结构变量与公众环境参与能力的关系,这里引入了公众对环境危害的评价作为控制变量。

（3）中介变量

为了对已有的相关研究进行探索性检验,同时也是为了更好地解释不同区域的社会结构因素与公众参与能力之间的关系,这里引入中介变量——公众的环境知识。相关研究有这样的发现,公众的环境知识水平越高,通常会表现出较强的环境参与积极性,相应的环境参与能力也较高[166]。

2.理论假设

本研究着眼于从区域社会结构层面出发,分析不同群体的环境参与能力的差异,探究不同社会结构群体的环境参与分布特征。在利用调查问卷进行实证研究的基础上,试图回答以下两个问题。

(1) 不同区域居民的环境参与能力呈现出哪些特征?

(2) 地区结构层面哪些因素对居民的环境参与能力产生影响?

基于此,论文提出以下假设。

假设 1:地区城市规模(城市类型、单位面积人口密度)。

由于大城市面临的人口压力较大,可能对资源的短缺认识较为深刻,生活在大城市的人们的环境危机的体验要比生活在中小城市的人们要强烈,公众的参与能力也较高。公众环境参与能力与城市的规模有关,假定城市规模越大,公众的环境参与能力越强。

假设 2:地区城市化水平(城市化率、人均受教育年限)。

地区的城市化水平越高,公众受大众传媒的渗透程度也就越高,相应的环境教育的普及率要比城市化水平低的地区要好,人口素质也较高。假定城市化水平越高,公众的环境参与能力越高。

假设 3:地区经济社会发展水平(人均 GDP、地区人均收入)。

公众环境参与能力受地区的经济社会发展水平影响,经济发达地区的公众生活相对富足,从而对包括生活质量在内的环境质量也较为重视。假定生活在发达地区的公众环境参与能力要高于欠发达地区。

假设 4:地区工业化水平(工业总产值占 GDP 的比重、工业增加值占GDP 比重、三次产业结构和就业结构)。

工业化程度对当地环境压力有相关关系,一个地区的工业化水平代表了该地区环境污染或治理的水平,一般认为工业化水平高的地区,公众环境参与能力较强。国际上衡量工业化程度的指标常用工业化率和工业总产值占 GDP 的比重,另外三次产业结构和就业结构也是衡量工业化程度的重要指标。根据联合国数据:工业化率达到 20% ～ 40% 为初期,40% ～ 60% 为半工业化,60% 以上为工业化国家。三次产业结构和就业结构:工业化初期,三次产业结构为 12.7:37.8:49.5;就业结构为 15.9:36.8:47.3。城市化率初期为 37% 以上,工业化国家则达到 65% 以上。

假设 5：地区环境保护投入（环境污染治理投入、地区环境科研课题经费投入）。

对环境治理资金的投入反映了当地政府对环境保护的重视程度以及环境保护工作的力度，假定政府环境治理资金投入越高，公众环境参与水平也越高。此外，地区环保科技工作情况或许在某种程度上折射出对当地居民环境教育的普及程度，环保科技投入越高，公众的环境参与能力也越高。

3.评价方案的实施

社会系统本身结构及运行复杂性，决定了影响公众环境参与能力社会结构因素的复杂性和广泛性，根据国家计委投资研究所对建设项目社会评价、社会环境影响等方面的若干社会因素的要求[167]（袁方，1995），这里对环境问题的社会影响主要设定为城市规模、工业化、城市化和环保投入。

表 4-5　变量说明

Table 4-5　Variable Description

变量	性质	说明
城市规模	定量	直辖市、省会城市、地级市、集镇
城市化水平	连续	城市化率
地区经济发展水平	连续	人均 GDP、人均受教育年限
工业化水平	连续	工业总产值占 GDP 比重、第三产业比重
地区环境治理投入	连续	环境污染治理资金投入、环保科技资金投入

前文已经论述了公众环境参与能力所包含的主要方面，集中表现为居民的环境认知能力以及环境态度和环境行为水平，其中居民的环境行为由三个方面内容组成：① 与自身生活习惯相关的环境行为；② 公共领域的环境行为；③ 受到环境污染侵害之后的环境行为。为了能够更直观的了解我国居民的环境参与能力是否存在地区差异的影响，以及这些差异是否存在某种规律，笔者从 CGSS2003 环境问卷中选择 22 个代表公众环境参与能力问题，在先对其进行赋值和标准化处理之后，接下来再对其综合得分进行区域结构层面的考察。

对于公众的环境认知（敏感度）部分，论文选取 12 项有关当地环境问题严重程度的提问，并对被访者的回答赋值如下："非常严重"赋予 5 分、"比较严重"赋予 4 分、"一般"赋予 3 分、"不太严重"赋予 2 分、"根本不严重"赋予 1 分、对回答"说不清／不关心或者没有环境问题"的赋予 0 分。

对于公众的环境态度方面，论文使用 4 个问题来测量公众个人对环境保护的态度:是否愿意为保护环境出钱、增加税收,对环境保护紧迫程度的认同等以考察公众对环境保护贡献意愿的个人决定,被访者回答"同意、不同意、说不清 / 不确定"其中前两个问题是正向问题,依次赋值为:1、−1、0;后两个问题是负向问题,依次赋值为:−1、1、0。

对于公众的环境行为,本文选取 6 个问题来测量公众日常生活领域和集体领域的环境保护行为,每一类各包括 3 个问题。测量日常生活领域的环境保护行为反映了公众有关垃圾分类、购物袋使用和私人讨论环保问题的个人决定;测量集体领域的环境保护行为反映了参加政府组织的环境宣传活动的情况、对树木和绿地的自费养护行为和环境诉讼状况。通过设置备选项"偶尔""经常"和"从不"来考察人们的态度和行为,将其依次赋值为:1、2、0。对受到环境污染侵害之后的环境抗争行为选择,将这些答案合并为哑变量,即"有""无"(1,0 变量)。

对于公众的环境知识:根据十个项目的环境知识量表,给予每项实际判断正确的赋值为 1,实际判断错误的赋值为 0,把各项环境知识的项目值相加可以得出环境知识水平。

之后按照上述假设对公众的环境参与能力进行 T 检验,来判定不同地区公众环境参与能力的差异,从而为进一步分析提供实证基础。在具体的方法上,我们把所有问卷的数据输入 SPSS16.0,进行描述统计和 T 检验,来判定不同群体的环境参与能力差异显著性。

4.3.2　假设检验

我们以 2003 年中国人民大学社会学系主持的"全国综合社会调查——环境卷"(城市部分)的数据库资料为支持,来了解中国不同地区城市居民的环境参与能力是否受以上假设的影响。

1.假设检验和数据分析

地区分类数据的测量来自相关地区统计年鉴、中国环境年鉴、中国环境统计年鉴以及中华人民共和国国家统计局网站,并经过计算整理所得。

假设检验 1:城市规模越大,公众的环境参与能力越强。

对城市规模的独立 T 检验分析结果表明,大城市的公众环境参与能力均值为 50.1553,大于中小城市公众的环境参与能力均值为 49.7178,但是双尾独立 T 检验显著性水平大于 0.05,因此统计上不能认为两者有显著差异。也就是说,仅按照城市大小分类,不同城市规模的公众在环境认知、环境态度和环境行为方面的总体水平没有显著差异。

假设检验 2：城市化水平越高，公众的环境参与能力越高。

对于城市化水平而言，采用城市化率进行公众的环境参与能力的差异检验显示，高城市化率的公众环境参与能力均值为 50.1827，大于城市化率较低地区的公众环境参与能力均值 49.8434，但是双尾独立 T 检验显著性水平大于 0.05，因此统计上不能认为两者有显著差异。采用人均受教育年限来分析，得出平均受教育程度较高的地区，公众的环境参与能力均值为 50.1540，大于其对应的平均受教育程度较高地区公众的环境参与能力均值 49.8680，并且双尾独立 T 检验显著性水平远远小于 0.05，因此统计上认为两者有显著差异。因此，不能否认城市化水平和公众环境参与能力没有显著差异，说明不同城市化水平的环境参与能力不如我们想象的那样有显著差异。

假设检验 3：地区的经济社会发展水平越高，公众参与能力越高。

地区的经济社会发展水平采用地区人均收入来分析，描述统计表明，高收入地区的公众环境参与能力均值为 50.8927，大于其对应的低收入地区公众环境参与能力均值 49.6032，同时独立 T 检验的显著性水平小于 0.05，证明地区发展水平与公众参与能力高低之间存在显著性。

假设检验 4：工业化水平越高，公众环境参与水平也越高。

这里代表工业化水平变量的是工业总产值占 GDP 水平和第三产业比重两个指标，统计显示，高工业总产值和高第三产业比重地区的公众环境参与能力均值分别为 50.3181 和 50.3679，均大于其对应的低工业总产值和低第三产业比重地区的公众环境参与能力均值 49.8316 和 49.7302，但依旧没有通过独立 T 显著性检验。

假设检验 5：地区环境保护资金投入越高，公众环境参与水平也越高。

地区环境保护资金投入选用环境治理投资和环境科研课题经费投入两个变量，统计分析显示，环境治理投资较高地区公众的环境参与能力均值为 50.5347，大于较低环境治理投资地区公众环境参与能力均值为 49.7169，并且双尾独立 T 检验的显著水平小于 0.05，统计上认为两者有显著性差异。环境科研课题经费投入占 GDP 比重较大地区的公众环境参与能力均值为 50.4379，小于环境科研课题经费投入占 GDP 比重较小地区的公众环境参与能力均值 50.6031，但双尾独立 T 检验的显著水平大于 0.05，统计上认为两者没有显著性差异。

表 4-6　不同区域结构公众环境参与能力的差异检验

Table 4-6　The T-test of public capability of environmentally participating in different region

	特征	类型	样本数（组）	参与能力均值	T 值	双尾 T 检验概率	备注
组 1	城市规模	大	10	50.1553	−3.028	0.903	
		小	16	49.7178			
组 2	城市化率	高	9	50.1827	0.860	0.398	
		低	17	49.8434			
组 3	地区收入	高	14	50.8927	3.757	0.001	*
		低	12	49.6032			
组 4	人均受教育年限	高	12	50.1540	0.722	0.018	**
		低	14	49.8680			
组 5	工业产值占 GDP 比重	高	9	50.3181	1.193	0.244	
		低	17	49.8316			
组 6	第三产业比重	高	11	50.3679	1.667	0.097	***
		低	15	49.7302			
组 7	环境治理投资	高	9	50.5347	2.124	0.044	**
		低	17	49.7169			
组 8	环保科技投入	高	7	50.4379	−2.952	0.061	***
		低	19	50.6031			
组 9	环境危害评价	遭受	3878	52.3311	2.287	0.000	*
		未遭受	1175	49.9709			

注：* P 值 < 0.01，** P 值 < 0.05，*** P 值 < 0.10

（1）地区的收入指标采用人均收入反映，按照城镇居民人均可支配收入和农村居民纯收入以人口比重加权平均得到，并以各地区居民消费价格指数进行缩减，用以消除价格变动的影响。

（2）区域公众的受教育程度差异指标由人均受教育年限（年 / 人）反映，人均受教育年限反映了一个地区教育的发展程度，为存量指标，具体的计算方法为：$Y = \sum_{i=1}^{6} p_i y_i$，其中，$Y$ 表示人均受教育年限；i 表示按照受教育程度等级分组的指标，$i = 1,2,3,4,5,6$，依次代表文盲半文盲、小学、初中、高中、中专、大专及以上学历，y 表示受教育程度的年限，按受教育程度取值为文盲半文盲为 2 年及以下，小学 6 年，初中 9 年，高中 12 年，大专及以上 16 年，p 表示权重系数，为各地区人口占总人口的比重。

在以上 9 组描述统计和 T 检验的分析中，只有组 3、组 4、组 7 和组 9 的 T 检验概率是显著的，其他对公众环境参与能力没有显著影响，如此一来，区域结构因素对公众环境参与能力影响的假设实际上得不到数据支持。这样的结果在部分支持有的研究发现的同时并不支持本文所提出的假设（如洪大用曾就居住地规模和公众环境关心之间的关系做出研究，分析指出居住地规模与居民环境关心之间的关系较为复杂），因而对区域社会结构的理论解释也提出了直接挑战。为进一步厘清区域社会结构与公众环境参与能力的关系，笔者引入环境知识这个中介变量，以尝试进行多变量中介分析。

2.多变量中介分析

在此分析中，我们以公众环境参与能力为因变量，以城市化率、人口密度、人均受教育年限、人均收入、工业总产值占 GDP 比重、第三产业比重、环境治理资金投入占 GDP 比重、环保科技投入、对环境危害评价为自变量，并引入环境知识这一中介变量，得到表 4-7 分析结果。

表 4-7　多变量中介分析的结果 —— 标准化回归系数

Table 4-7　Results of Multi-variable in intermeding analyses—

the standardized regression coefficients

自变量	对环境参与能力的直接影响		对环境知识的直接影响	
	标准化回归系数	P 值	标准化回归系数	P 值
城市化率	0.025	0.461	0.091	0.046
地区单位面积常住人口密度	− 0.103	0.171	0.284	0.032
人均受教育年限	0.113	0.008	0.302	0.000
人均收入	0.187	0.049	0.267	0.000
工业总产值占 GDP 的比重	0.093	0.589	0.071	0.069
第 3 产业比重	0.064	0.086	0.121	0.009
环保资金投入	0.097	0.047	0.180	0.105
环境科研课题经费投入	0.081	0.723	0.199	0.000
遭受(对照组:未遭受)	− 0.037	0.000	− 0.021	0.063
环境知识	0.517	0.000	——	——
R^2	0.317		0.339	

　　首先来看表 4-7 中各变量对环境参与能力的直接影响。可以发现：① 在引入了环境知识变量后,环境知识、人均受教育年限、环境危害评价、人均收入和环保资金投入对环境参与能力的影响是显著的。具体来说,在控制其他变量的情况下,具有高环境知识水平的、人均受教育程度较高的、生活水平较好的、曾遭受较严重环境危害的和环保资金投入较多地区的公众具有较高的环境参与能力。相对来讲,环境知识水平对公众环境参与能力具有最大的影响。② 工业化水平和城市化水平对公众的环境参与能力影响不显著。

　　其次来看表 4-7 中各变量对环境知识的直接影响。可以发现：① 工业总产值和环保资金投入和环境污染治理投资对环境知识的影响不显著；② 其他变量如人均受教育年限、环境危害评价、人均收入和环保科研经费投入、城市化率、地区规模都对环境知识有显著的直接影响。具体来说,在控制其他变量的情况下,人均受教育程度较高的、遭受过环境危害、人均生活水平富足、环境科技投入较高、城市化率较高、人口密度较大地区,公众具有较高的环境知识水平。

　　最后,我们来看各自变量与环境知识、环境参与能力的关系。由于环境知识对环境参与能力具有显著的直接影响,因此可以认为,只要一个变量对公众环境知识有显著的直接影响,那么它对公众的环境参与能力也有显著的间接影响。在此意义上,地区规模、城市化、人均受教育年限、地区人均收入、第三产业比重、环保投资和环境危害评价等,实际上都对环境参与能力有着显著的间接影响,即它们对环境参与能力的影响是通过环境知识这一中介发生的。其中,地区人均收入、人均受教育年限和环境危害评价对于环境参与能力的直接影响也是显著的。环境污染治理投资则对环境参与能力有独立的直接影响。

　　这里可以通过把各自变量对环境知识的直接影响分别与环境知识对环境参与能力的直接影响相乘来得到各自变量对环境参与能力的间接影响,然后将各自变量对环境参与能力的间接影响与它对环境参与能力的直接影响相加,以得到各自变量对环境参与能力的总影响。任何一个自变量,只要它对公众环境参与能力的直接影响与间接影响中有一种影响是显著的,它对于公众环境参与能力的总影响就是显著的。此时,得到表 4-8 的各自变量对环境参与能力的直接影响、间接影响和总影响。

表 4-8   各自变量对公众环境参与能力的直接影响、间接影响和总影响

Table 4-8   The direct/indirect and total effects on public capability of environmentally participating

自变量	对公众环境参与能力的影响		
	直接影响	间接影响	总影响
城市化率	0.025	0.047047 *	0.072047 *
地区单位面积常住人口密度	− 0.103	0.146828 *	0.043828 *
人均受教育年限	0.113 *	0.156134 *	0.269134 *
人均收入	0.187 *	0.138039 *	0.325039 *
工业总产值占 GDP 的比重	0.093	0.036707	0.129707
第三产业比重	0.064	0.062557 *	0.126557 *
环保资金投入	0.097 *	0.09306	0.19006 *
环境科研课题经费投入	0.081	0.102883 *	0.183883 *
遭受(对照组:未遭受)	− 0.037 *	− 0.01086	− 0.04786 *
环境知识	0.517 *	——	0.517 *

注:* P 值 < 0.05。

从表 4-8 中可以看出,区域社会结构各变量都对环境参与能力有显著影响。如果从绝对值判断,以环境知识的影响为最大,其次是人均收入,人均受教育年限第三。

重要的是,上述分析表明,区域社会结构各自变量对公众环境参与能力的影响大多是通过环境知识这一中介变量发生的。如前所述,在控制了环境知识后,只有地区人均收入、受教育年限和环境危害评价依然对环境参与能力有显著的直接影响。其中,地区人口密度不仅被中介了,甚至其方向都被180 度扭转了。人均受教育年限和环境危害评价这两个变量对环境参与能力的影响也有相当部分是通过环境知识发生的,人均受教育年限的间接影响甚至大于其直接影响,这充分体现了环境知识的中介作用。

4.3.3   研究结论

总体而言,数据分析和发现并不能完全支持论文的研究假设,但至少可以得出三点初步结论。

第一,从 CGSS2003 的数据中可以证明我国公众的环境参与能力确实存在着区域社会结构差异,说明地区社会结构因素对当地公众的环境参与能力是存在影响的,这与已有的理论假设是一致的。

第二,区域社会结构差异对公众环境参与的影响不是独立的,在本研究中,笔者发现公众的环境知识是一个重要的中介变量。这一发现似乎从另一个方面印证了环境教育对公众参与能力的重要作用,以及面向公众参与进行政府环境管理研究的意义。事实上,区域社会结构差异本身并不构成对于公众环境参与的直接影响。

第三,在对公众环境参与的研究方面,一个长期困扰学者的问题就是人口学变量(性别、年龄、文化程度、个人的社会经济地位、居住地等)加上政治倾向因素,似乎只能解释环境参与水平变化的 $10\% \sim 15\%$[168](洪大用,2007)。在本研究中,如果剔除环境知识的作用,区域社会结构因素对环境参与能力的解释力度(R^2)也只有 16%。在引入了环境知识后,解释力度(R^2)则达到了近 34%。这表明地区总体的环境知识水平对于公众环境参与能力确是一个很有解释力的变量,但是 34% 的解释力度也说明还有更多的影响公众环境参与能力的潜在因素没被发现。

虽然论文从结构层次对影响公众环境参与能力的区域社会结构差异因素进行了实证研究,但是尚不足以对相关的结论进行解释,这引起了笔者的反思。笔者认为,这说明现有的社会结构理论在分析公众环境参与的差异方面有过于粗糙之嫌,至少在分析政府的治理对公众的环境参与能力的影响方面是不够细密的。事实上,政府的政策对公众环境参与能力的影响和公众在对待环境保护问题上对政府的依赖同时存在,这种两面性并不必然导致公众对于环境管理参与的热心和参与行为的积极。准确地说,只有特定的社会机制能够克服抑制公众环境参与的影响时,社会结构中各地方政府对公众环境参与的正面作用才能更加充分地体现出来。因此,从社会结构理论的视角来看,虽然可以预期地区公众参与能力在未来的无差异性,但是在此过程中,必须建立或激活相关的社会机制,努力克服社会结构中体制对公众环境参与能力的消极影响。例如,对公众环境知识的培养以及提供公众参与环境保护的实践,这将对有效的提高公众环境参与能力具有更重要的意义。

4.4　本章小结

为了从区域社会结构层面揭示影响公众环境参与能力的因素,本章在开始首先从 3 个时间截面介绍了我国公众参与能力的成长过程,并对当前我国公众环境参与的现状进行了总结。其次,对国内外公众参与影响因素的相关研究进行了简要的回顾,指出有待进一步研究的空间。最后,对公众环境参与能力的区域社会结构变量进行了差异检验和多变量路径分析,认为克服社会结构中体制对公众环境参与能力的消极影响应从机制激活角度进行讨论。

第5章   面向公众参与的政府环境
管理绩效评价

5.1   理论构思与模型设计

上一章以社会结构理论视角对影响公众环境参与能力的因素进行了分析研究,目的是为了探索公众环境参与能力是否受到了地方政府发展策略的影响,以及这种影响是如何对公众环境参与能力产生作用的。实际上,无论何时,政府在环境管理中的地位永远是主要的,起主导作用的,从面向公众环境参与的角度研究政府的环境管理,进而构建其环境治理绩效的测度指标体系,归根结底是希望在环境管理系统中实现政府和公众两个要素共同参与对环境这个社会公共产品的管理功能,促使政府环境管理由全能型向服务型蜕变,以完成服务型政府和公民社会在环境管理中的完美结合。全能型的政府环境管理,正如弗朗西斯·福山在《公民社会与发展》一文中指出:"当国家开始从事那些本该由民间组织或公民社会来承担的活动时,国家将会给社会资本带来严重的消极影响"[169](Flynn,Norman,1997)。国内也有学者认为:"国家对社会资源的垄断,以及社会组织的全部行政化,客观上造成了社会自治组织的全面萎缩,造成了国家对社会自治空间的吞噬。同时,也从根本上削弱了个体的行为自主性,造就出了亿万无法也无需对自己行为负责,没有义务而只会服从统一意志的行动者"[170](何显明,2007)。因此,为了克服环境管理中全能型政府管理带来的弊端,有必要研究设计面向公众环境参与的政府环境管理模型,实现对环境管理的系统控制。

从另外一种层次而言,环境管理的实践性要求它重视找到理论转化为实践的中介。就宏观角度来看,政府的决策是最重要的中介。政府的各级领导者,也是环境管理的决策者,不论是立法的、行政的、监察的,都需要自觉树立并强化科学的环境管理理念,并把它们体现于自己的工作中。就微观角度来说,对社会上每一个公民进行自觉的环境参与能力培养,使之成为他们在生产活动、职业活动、生活活动和广泛社会活动中个人决策的依据之一,让每个人力量的集合形成"合力",成就公民社会特定的环境管理状态,这种状态就是生态文明的环境管理模式的社会基础。因此,每个人的决策又是环境管理实践性的重要中介。作为服务型政府的重要体现就是将改善、建设从而为人民提供一个良好的环境这一愿景放在环境管理工作首位,也只有拥有科学的环境管理理念和愿景,才能在环境管理的决策中调动当地群众参与环境管理的积极性,让他们在参与环境管理的过程中发挥广大人民群众的智慧,真正实现保护环境的全民动员,从而进一步提高环境治理的效率。

5.1.1　公众参与对政府环境管理绩效激励过程的理论分析

政府环境管理绩效是政府在环境管理方面对社会的承诺。由于社会系统的复杂性,在政府环境管理绩效的研究中加入公众参与因素,这固然是提高政府环境治理水平的一次飞跃,但同时也使得对于环境管理的结果的考评变得复杂。管理学经典理论认为:当一个管理的过程是可见的,管理的结果是容易评估的时候,控制往往比激励重要;当一个管理的过程是看不见的,管理的结果不易于评估的时候,激励就比控制更重要[180](理查德·L·达夫特,2003)。

由对激励的定义可以看出,所谓激励就是一个通过满足个体的需要而促使个体朝着激励者希望的方向前进的过程,而若干种具体激励的措施和方法就构成了激励机制[181](理查德·L·达夫特,2003)。对政府环境管理绩效来说这个作用过程可以用下面四个步骤来描述:① 政府由于追求自身利益而引发了环境管理绩效不高的现象;② 找到政府环境管理绩效存在的不足,也就是导致政府环境管理绩效水平下降的因素;③ 通过一系列具体的措施与方法来引导这些因素向好的方向发展,弥补政府环境管理绩效的不足,提升政府环境管理绩效水平;④ 缺陷得到了纠正,政府环境管理绩效水平回升,最终达到环境管理的目的。在这个过程中,这些具体的措施与方法就是激励,将这些激励有效地整合起来,就构成了公众环境参与对政府环境管理绩效的激励作用过程。

公众的有效参与对提高政府环境管理绩效的贡献是毫无疑问的,而公众参与环境管理的能力有限,这主要应是政府的环境管理原因导致的。公众参与能力缺失和政府环境管理效率偏低的具体表现是多方面的,因此当务之急就是如何激励公众参与,进而提高政府环境管理的绩效水平。任何现象的出现都有其背后的成因,这两者也不例外。公众环境参与能力缺失导致了社会生态文明程度降低,而环境管理绩效不高导致了环境服务的质量下降,如果任由这种势头发展下去,无疑会对环境问题的治理造成很不利的后果。

因此,有必要找到公众环境参与和政府环境管理绩效之间的作用关系,如果能通过一些措施提高公众环境参与水平,从而提高政府环境管理绩效,那也就等于证实了公众环境参与对政府环境管理绩效的激励作用。之后建立有效的公众环境参与对政府环境管理的激励作用模型,才能使公众环境参与能力得以恢复,政府环境管理绩效水平得以提高。

5.1.2 政府环境管理绩效的影响因素

公众环境参与能够有效的激励政府环境管理绩效,这主要可以从两个方面来认识。

一方面,公众环境参与直接影响政府环境管理绩效。一个地区公众环境参与能力强、水平高,那么对环境污染行为的监督得到加强,该地区政府的环境管理绩效水平必然会随之升高,公众环境参与水平的高低在很大程度上决定着政府环境治理做出的成绩以及为公众提供环境服务的水平。

另一方面,政府环境管理绩效对公众环境参与也有反作用。如果把政府和公众作为两个独立的个体来看,政府如果努力提高环境管理服务水平,如环境教育的普及、及时的环境信息公开、公众环境参与渠道的保障和落实等,那么必然会使当地公众的环境参与水平得到极大提升。

因此,可以肯定地说,通过提高公众环境参与能力能够激励政府环境管理绩效的提高,同时通过绩效的提高也能够赢得公众对政府的满意度和自我价值实现的满意度,进而继续促进参与水平的提高,总之,可以在两者之间形成一个良性循环的模式。

虽然公众环境参与对政府环境管理绩效有激励作用,但政府环境管理绩效仍然是一个不太好测量的潜变量。可以想见,如果能够将政府环境管理细分为几个影响因素,那就等于间接找到了公众参与影响政府环境管理绩效的具体领域,通过激励这些政府环境管理绩效,就等于间接地激励了这些领域和方面,这有很强的实践意义。通过查阅大量的文献,本研究认为从环境治理效果和环境服务质量而言,政府环境管理绩效能够影响的因素主要可以分为五类。

(1)资源节约。这是一组反映当地经济发展集约化程度的指标,表示各地在经济发展过程中对环境资源的利用效率。万元单位 GDP 能耗、万元单位 GDP 电耗、万元单位工业增加值能耗各指标均为逆向指标,指标值越小说明资源消耗得越少,经济集约化程度越高,资源的利用率也就越高。

(2)环境污染控制。环境污染是地区生产、生活活动对环境系统造成的影响,同时污染水平也表明地区环境治理所面临的压力。这里以工业废气排放量、生活污水排放量、COD 排放总量、二氧化硫排放总量、工业固体废物产生量和环境污染直接经济损失衡量工业生产和居民生活对地区环境水平的影响。

（3）环境治理。环境治理的成效反映在地区的环境质量上，地区环境质量不仅是当地经济发展的物质基础，而且也印证了地区的经济活动对其的影响。衡量地区环境治理成效的最直观的依据是当地的环境质量变化情况，其中工业"三废"排放对地区环境质量具有直接的影响，因而选择工业废水排放达标率、工业二氧化硫去除率、工业固体废物综合利用率、工业污染治理投资来考察地区的经济活动对其环境质量的影响。

（4）生态安全。生态安全是指通过保护自然生态环境系统和建立人工生态环境系统来改善生态环境质量的重要措施。河流、湖泊和森林植被系统作为地区自然和人文景观，在调节居民日常生活和生态环境方面发挥着重要的作用，这里以人均湿地面积、森林覆盖率、人均水资源量衡量地区生态安全水平。

（5）环境服务。通过环境服务质量来评判政府在环境管理过程中服务水平的高低。环境服务质量由公众做出评价，主要体现在环境信息知情度、政策执行保障度和公众对政府环境管理的满意度方面。

以上分析得知，公众环境参与能够影响政府环境管理绩效，而政府环境管理绩效能影响的因素主要有五个，即资源节约水平、环境治理水平、污染控制水平、生态安全水平和环境服务水平。这五个被影响因素加上公众环境参与和政府环境管理绩效，共同构成了公众环境参与激励政府环境管理绩效的因果作用链。因此，本文选取上述七个因素作为本研究中的变量，也就是说，这七个变量以及这七个变量间的相互作用关系，共同构成了公众环境参与对政府环境管理绩效的激励作用结构模型，见图 5-1。

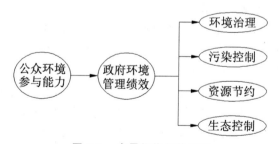

图 5-1　变量间作用关系图

Figure 5-1　The relationship between variables

5.2　面向公众参与的政府环境管理
测度指标的初步选择

　　面向公众参与的政府环境管理,是在另一种层面上体现的生态文明,管理过程中强调的是以人为本的原则,同时反对极端的人类中心主义与极端生态中心主义。这就需要对地方政府的环境管理绩效考评中,除了对管理结果的考虑之外,还应将当地公众的环境参与水平和政府的环境服务质量纳入绩效考核体系,充分体现环境管理的人本情怀。为此,在对面向公众参与的政府环境管理绩效考核指标设定中,要本着系统性、综合性的原则建构一套能够体现政府环境管理文明程度的指标体系,当中的有些指标可以反映和测量一些情况的特征,并有助于将信息转化为更易理解的形式,以简明的方式来描述复杂的状况。所有指标都必须具备两个要素:一是要尽可能地把信息定量化,使得这些信息清楚明了;二是要能够简化那些反映复杂现象的信息,既使得所表征的信息具有代表性,又便于人们了解和掌握。

5.2.1　环境管理绩效评价指标体系建立原则

　　指标(indciator)一词,词源为拉丁文"indciate",意思是揭露或指出,使公开化,给出评价或赋予价值。因此,从字面上看,指标是指帮助人们了解事物变化情况的信息[182](叶正波,2002)。所以理论上凡能以数量表现的客观范畴和事实均可构成评价指标,但在实际中选择评价指标则要以公众参与为基础的政府管理涉及的范围、内容和评价方法为依据,结合环境管理系统的特点和评价目标的要求来进行。

　　在对面向公众参与的政府环境管理进行评价过程中,指标可以用来作为揭示和反映公众参与和环境管理变化趋势的工具,具体包括识别和描述环境背景状况,可预测的环境效应,公众参与能力的变化等。评价指标体系是反映政府环境管理绩效方面特征的多个指标构成的相互联系、相互依存的统计指标群,其构成决定于政府环境管理的评价内容,而评价的内容又决定于政府环境管理的工作目标。因此,了解面向公众参与的政府环境管理的评价内容和工作目标,才能建立明确的指标体系,而建立评价指标体系实质就是建立面向公众参与的政府环境管理绩效评价的具体评价内容。一般来讲,在建立面向公众参与的政府环境管理评价指标体系设置时应考虑下列原则[183](范柏乃,蓝志勇,2008)。

（1）整体性原则：整体性原则首先要求指标体系内指标能够全面、系统地反映政府环境管理绩效的数量和质量要求。它要求指标体系在不遗漏任何一项重要指标的前提下，通过各项指标的相互配合来全面、系统体现政府环境管理绩效的数量和质量要求。例如在实际中，各地政府追求的是所辖区域经济与环境的全面、协调和可持续发展，以及在保护环境中对当地公众的环境参与能力的培养情况，其绩效评价指标体系也就必须从整体上全面、系统反映和体现该地政府在促进经济与环境的全面、协调和可持续发展和公民参与程度方面的绩效，而不能顾此失彼。同时，全面、系统地反映各地政府环境管理绩效的数量和质量要求，也不是"芝麻西瓜一块儿捡""捡到筐里都是菜"，而是要突出重点，反映本质。其次，在评价指标体系中，各具体指标之间在含义、计算方法、计算时间、计算口径等方面，要相互衔接，综合地反映政府环境保护事业管理绩效各构成要素之间的内在联系、数量关系及其规律性。再次，指标体系要有统一性。绩效评价指标体系一方面在内部关系方面必须是统一的，另一方面与外部的关系必须与其相对应的计划指标等具有统一性。

（2）科学性原则：在选择评价指标体系及构建评价模型时，必须建立在科学的基础上，客观真实地反映政府环境管理的特征。与此同时，还要体现数据来源的可靠性以及资料处理方式的科学性[184]（孙建丽，2008）。科学性的体现具体包括以下几个方面：① 评价指标反映评估对象的特征；② 评价指标的概念要明确，含义清晰，尽可能避免或减少主观判断；③ 评价指标体系中各指标之间不应有很强的相关性，避免出现过多的信息包含、涵盖而使指标内涵重叠；④ 评价指标体系对评估对象的反映应全面，不能遗漏重要方面或有所偏颇，否则影响评价结果反映评估对象的真实、全面性。

（3）方向性原则：方向性原则是指在选取采用指标体系和评价方法时要以研究目的为依据，对政府环境管理研究的方法采用得好与坏，每一种方法都有它自己的适用范围和使用条件，关键要看是否与研究目标、研究内容相吻合，做到评价指标体系与评价方法和被评价对象的目标三者之间的一致。首先，绩效评价的目的就是引导、帮助被评价对象实现其战略目标以及检验其战略目标实现的程度。因此，设定和选择绩效评价指标时，应从政府环境管理的战略目标出发，根据战略目标来设定和选择绩效评价指标。其次，绩效评价方法与绩效评价目的之间做到一致性。如前所述，绩效评价方法采用所谓好与坏，关键要看是否与研究目标相吻合，如政府环境管理绩效在评价过程中始终将公众环境参与能力作为考核不可缺少的指标因素，对其的测量涉及统计学的方法，而对政府环境治理效果的测量，如地区经济环境协调发展度指标则涉及运筹学的方法。最后，绩效评价指标与绩效评价目的之间做到一致性。绩效评价的目的不同,绩效评价指标的侧重点也就应该有所区别。在对政府环境管理的绩效评价中,如果评价是为了提升各地政府环境管理绩效,那么指标的选择就必须从分析和透视政府环境管理中存在的问题出发;如果评价是为了对比不同地区绩效差异,那么就必须甄选具有可比性的指标;有的评价如果是为提高公众环境参与能力提供依据,那么评价指标应以评价公众环境参与水平为重点。

(4)可操作性原则:政府环境管理绩效评价指标的可操作性体现在其可测性方面,可操作性主要包括绩效评价指标本身在评价过程中的现实可行性。首先,绩效评价指标本身具有可操作性是指评价指标可用操作化的语言定义,所规定的内容可以运用现有的工具测量获得明确结论,如用问卷测量公众的环境参与程度以及对政府环境管理工作的满意度等。对不能量化的指标,进行具有直接可操作性的定性描述,其中对不具有直接可操作性的内容,通过间接的可测指标来测量。例如,公众的环境参与能力不具有直接可操作性,不能把参与能力作为评价指标,在评价的过程中,可以通过公众的环境知识、环境态度和环境行为等这些指标来评价参与能力的强弱。另外,可操作性还体现在绩效评价指标在评价过程中的现实可行性:一是能不能够获取充足的相关信息。如果获取相关信息的渠道不畅通,不能获取充足的相关信息,不管评价指标怎么好,也只不过是水中之月。如对政府环境管理效果的评价应从部门规划、相关统计数据等现有的资料中获取。二是评价主体能不能够做出相应的评价。如果指标很理想,但找不到具有相关素质的评价主体对该指标做出正确的评价判断,这种指标也不具有可操作性。例如,对公众参与能力的评价在样本的选择上要考虑为统计分析提供必要的数据。取样的基本原理就是要由样本推断总体,由部分推论整体,这种推断需要以数据来说明。可操作性要求样本数量足以保证统计分析的需要,能使研究者由样本数据有效地推断出总体特征。

(5)可行性原则:可行性原则要求对评价指标体系的选取要考虑最终建立的方案在现实情境中是否行得通。理想上的方案与具体实施方案可能是两码事。因此,可行性原则要求对评价指标体系设计更多地从实际情况考虑,建立方案更详尽,操作更具体。这要求绩效评价指标体系构建应具备三个方面的规定性:① 指标要具备针对性。根据各地政府的职能和绩效目标来设定绩效评价指标,做到有的放矢。既要全面反映政府的职能和绩效目标,又要突出政府职能和绩效目标的重点,凸显面向公众环境参与的政府环境管理绩效评价的特色和优势。② 评价指标应具备合理性。根据需要与可能设定指标的同时,评价指标也应具备一定的高度,以发挥政府环境治理的积极性和最大限度挖掘当地公众参与环境保护的创造性提高环境管理的绩效,但指标的设定必须立足于主、客观条件,做到繁简适中,在能保证评价结果全面、客观的条件下做到计算方法简便易行,离开主、客观条件设定的绩效评价指标,不仅会挫伤政府及民众的积极性,而且会劳民伤财,以致"官出数字、数字出官"。③ 评价指标应具备实用性。政府环境管理绩效评价指标体系应该是简易性和复杂性的统一,既要保障能够反映政府环境管理的科学内涵,又要易于推广,因此,要尽可能利用现有的统计资料和有关规范标准,若不能够利用,则构成评价指标所需的数据要易于获取或采集,无论是定性指标还是定量指标,其信息来源渠道必须可靠,并且容易取得,否则将造成评价工作难以进行或代价太大。

(6)可比性原则:可比性原则是指评价体系中的指标要符合时间和空间上的可比性,尽量采用可比性强的相对量指标和具有共同性特征的可比指标,使确定的指标既有阶段性,又有纵向的连续性和可比性,保证评价指标具有一定的使用范围。具体而言就是指标必须反映政府环境管理事业绩效的共同属性,只有在质相一致的条件下,才能比较两个具体评价对象在这一方面量的差异。在质相一致的条件下,绩效评价指标不仅在地区之间、单位之间可以比较,而且同级政府环境管理部门在不同时间上也可以比较。在不同地区之间进行比较时,除使用相对数、比例数、指数和平均数等进行比较之外,应注意指标口径和范围的一致性。为保证同一单位不同时间上的可比性,设计政府环境管理绩效评价指标时,既要充分体现当时当地的实际需要与客观条件的相对稳定性,又要对未来的近期发展有所预见而力求保持一定的连续性。

5.2.2   环境管理绩效评价指标体系的初步设置

在环境管理绩效评价指标体系中存在着定性和定量两种不同的指标类型。不同性质的指标其评价标准、指标处理的方式与方法也不相同。因此,在指标的设置上,同时设置了定性 — 定量指标维度,为后面对评价指标的计算处理提供依据。

评价指标体系的设置是政府环境管理绩效评价的核心内容,关系评价工作整个过程的科学性和可操作性,并将最终决定评价结果的可靠性,代表着政府行为的导向。在当前实际的政府绩效评价中,所设计的绩效评价指标偏重任务形式的指标,忽略从系统宏观的视角出发体现政府综合管理能力的指标。面向公众环境参与的政府环境管理绩效评价指标体系的设置,除了要考虑政府环境管理的效果,还应将对公众环境参与能力的考量也纳入评价体系,在此基础上,从资源节约、环境友好(环境污染和环境治理)、生态安全、环境污染和公众环境参与五个准则层面对政府环境管理绩效进行综合评价。

1.目标层

面向公众环境参与的政府环境管理绩效评价体系的总目标是政府环境管理服务水平的量度,在这个量度过程中,将公众环境参与能力作为一个衡量的指标纳入政府环境管理服务水平的评价体系。也就是说,在一定的发展时期,政府的环境管理所取得的效益不仅要体现在资源节约、环境友好和生态安全等客观效果上面,还要体现在公众的环境参与能力上面。换句话说,要使政府的环境管理水平与公众的环境参与能力相协调,即实现整个社会的主观环境管理能力和客观环境管理效果相协调。目标层由准则层加以反映,是准则层及其具体指标的概括。

2.准则层

作为对目标层的反映,这里将准则层分一级准则层和二级准则层,一级准则层包括政府环境管理绩效和公众环境参与能力;二级准则层分别是对各自一级准则层的体现,具体设置如下。

(1)政府环境管理绩效的二级准则层为资源节约(U1)、污染控制(U2)、环境治理(U3)、生态安全(U4)、环境质量(U5)、环境服务(U6)。

(2)公众环境参与能力的二级准则层为环境敏感度、环境参与态度、环境参与行为。在第4章已经说明,从区域社会结构层面而言,地区规模、工业化水平、城市化水平、经济社会发展水平以及政府环保投入等都对公众的环境参与能力产生影响,除了环境知识的影响之外,其中影响最大的两个变量是反映人口素质的地区人均受教育年限以及反映生活质量的地区人均收入,工业化、城市化和地区环保投入的影响其次,地区规模的指标似乎对环境参与能力产生影响,但并不显著,并且在引入了环境知识变量之后,影响的方向发生了变化。因此,在这里需要对影响环境参与能力的指标进行修正,以初步体现其对公众环境参与能力的影响。初步选取:地区工业化水平、城市化水平、经济社会发展水平(生活质量和人口素质)以及政府环保投入。

以上指标从不同侧面反映了面向公众环境参与的政府环境管理服务水平。

3.指标层

指标层是指对政府环境管理产生影响的最基本因素形成的指标,它提供了进行信息收集的基本框架,反映政府环境管理某一方面绩效的基础信息。指标层提供的信息具体为:资源节约包括万元单位 GDP 能耗、万元单位 GDP 电耗、万元单位工业增加值能耗;污染控制包括工业废水排放总量、生活污水排放量、COD 排放总量、二氧化硫排放总量、工业固体废物产生量、环境污染直接经济损失。环境治理包括工业废水排放达标率、工业二氧化硫去除率、工业固体废物综合利用率、工业污染治理投资;生态安全包括人均湿地面积、森林覆盖率、人均水资源量;环境服务包括环境信息知情度、政策执行保障度和公众对政府环境管理的满意度。

影响公众环境参与能力的区域社会结构因素指标具体为:

工业化水平包括工业总产值、工业增加值、3 次产业结构、3 次就业结构;城市化水平包括城市化率、地区单位面积人口密度、人口自然增长率;人口素质包括人均受教育年限、大专以上人口占总人口比重、文盲率、教育经费占 GDP 比重、每十万人专利审批量;生活质量包括社会建设总规模、GDP、人均 GDP、GDP 增长率、人均 GDP 增长率、人均收入、城镇居民可支配收入、农民人均纯收入、人均期望寿命、万人卫生机构人员数;环保投入包括环境治理资金投入、环境科技资金投入、环保科技活动人员数。

具体的评价指标体系见表 5-1。

表 5-1　面向公众参与的政府环境管理绩效评价指标体系

Table 5-1　Appraising System on government environmental management performance oriented to public participation

目标层	一级准则层	二级准则层	指标层
面向公众参与的政府环境管理绩效	政府环境管理绩效	环境治理	公众满意度(%) 工业废水排放达标率(%) 工业二氧化硫去除率(%) 工业固体废物综合利用率(%) 工业污染治理投资(万元)
		环境污染	工业废水排放总量(万吨) 生活污水排放量(万吨) COD 排放总量(万吨) 二氧化硫排放总量(万吨) 工业固体废物产生量(万吨) 环境污染直接经济损失(万元)

目标层	一级准则层	二级准则层	指标层
面向公众参与的政府环境管理绩效	政府环境管理绩效	资源节约	单位 GDP 能耗（吨标准煤／万元） 单位 GDP 电耗（千瓦小时／万元） 单位工业增加值能耗（吨标准煤／万元）
		生态安全	人均湿地面积（公顷／人） 森林覆盖率（％） 人均水资源量（立方米／人）
		环境服务	环境信息知情度 政策执行保障度
	公众环境参与能力	城市化水平	城市化率 地区单位面积常住人口密度 人口自然增长率
		人口素质	人均受教育年限 大专以上人口占总人口比重 文盲率 教育经费占 GDP 比重 每十万人专利申请批准量
		生活质量	GDP 人均 GDP 人均 GDP 增长率 社会建设总规模 城镇居民可支配收入 农民人均纯收入 人均期望寿命 万人卫生机构人员数（人）
		工业化程度	工业总产值占 GDP 的比重 工业增加值占 GDP 比重 三次产业结构 三次就业结构
		环保投入	环保资金投入 环境科研课题经费投入 环保科技活动人员数

5.3   面向公众参与的政府环境管理绩效概念模型

5.3.1   概念模型的构建

在综合前人研究成果和政府环境管理绩效现实情况的基础上,本研究以区域社会结构因素影响公众环境参与能力,公众环境参与影响政府环境管理绩效,进而影响政府的环境治理、污染控制、资源节约、生态安全和环境服务水平五大方面的过程为主线,构建了用于后续分析的概念模型,见图 5-2。

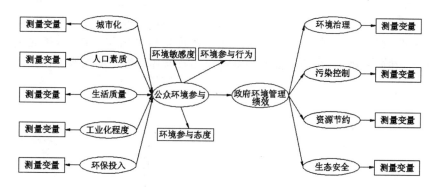

图 5-2   面向公众参与的政府环境管理绩效概念模型

Figure 5-2   The conceptual model of government environmental management performance oriented to public participation

5.3.2   评价方法的选择

如今,结构方程模型、因子分析、相关分析等理论已经被越来越广泛地应用在政府和个人的研究领域中,知道如何使用 SPSS、LISREL 等软件的人也越来越多,我们完全可以把这些方法应用在公众环境参与和政府环境管理绩效关系的研究当中。使用结构方程模型对公众环境参与能否激励政府环境管理绩效的问题进行研究是一种新的探索和尝试,也是个具有重要意义的课题,同时也是本论文的创新之处。它可以在一定程度上弥补现有研究使用定量方法较少的不足。通过结构方程分析,可以验证公众环境参与对政府环境绩效的激励作用,并找到能够影响公众环境参与和政府环境绩效的因素和变量,得出由能够影响公众环境参与和政府环境绩效的因素所构成的结构方程模型,而且能够弥补以前从社会结构分析调查数据的局限,将现实中的真实数据放在结构方程中对研究结果进行分析,模型的建立过程也更加合理。我们可以通过改进这些因素提高公众环境参与水平进而提高政府环境管理绩效水平,也可以更加清晰和方便地对相关问题给出意见和建议,在促使理论分析向实际应用的转化方面取得一定进展。

5.4　本章小结

本章首先评述公众环境参与和政府环境管理绩效的定性和定量研究方法,将公众环境参与对政府环境管理绩效的激励过程进行了理论分析,初步设计了公众环境参与对政府环境管理绩效的激励作用模型;接下来尝试对面向公众环境参与的政府环境管理绩效测度指标做出初步选择,建立评价体系,在此基础上,构建出面向公众参与的政府环境管理绩效概念模型。

第6章 面向公众参与的政府环境管理绩效结构方程研究

6.1 结构方程的概念与分析方法

6.1.1 政府绩效评价方法的比较

目前国内常用的政府绩效评价方法主要有数据包络分析法（DEA）、层次分析法（AHP）、多因素综合评判法等[185]（范柏乃，2007），这些方法操作简单，应用起来也非常方便，从而在对实际问题的分析当中很受欢迎。但是，由于各种方法都有其自身理论上的限制和应用缺陷，致使对现实问题的分析和评价结果也有待完善，主要方法间的差异具体如下。

1. 数据包络分析

数据包络分析（Data Envelopment Analysis）简称 DEA，最早是由美国著名的运筹学家 A. Charnes，W. W. Cooper 和 E. Rhodes 在 1978 年首先提出的[186]（A. Charnes，W. W. Cooper，E. Rhodes，1981），它是用来对决策单元进行相对效率比较的一种方法，简称为 DEA。DEA 方法早期主要用于对生产企业进行相对有效性评价，其原理是根据一组关于输入 — 输出的观察值来评价决策单元的相对效率，估计和预测有效生产前沿面。在对企业或者部门的有效性的评价方面，DEA 方法对多输入和多输出的问题的评判能力有着其他评价方法所不具有的绝对优势，对每一个决策单元的各项投入和产出权重都是由模型根据最优原则计算出来的，而不是由决策者主观给定的，避免了主观随意性。但是，DEA 模型的理论假设是：投入越少，产出越大，那么效率就越高，但是在政府环境管理中，作为绩效产出指标的污染控制却要求是越小越好，另外，投入产出指标的权重是通过模型计算出来的，但由于模型中没有对各权重的取值范围加以限制，往往会出现不切实际的权重分配，从而导致权重取值的随意性。

2.层次分析法

层次分析法(Analytic Hierarchy Process,简称AHP)是由美国匹兹堡大学教授萨蒂(T. L. Saaty)最早提出,是一种处理具有复杂因素在内的经济、管理和技术问题的方法。该方法自提出以来,广泛应用于多指标综合评价模型中,很多文献[187][188][189][190](Inderani Basak,2002;Partovi F Y.,1994;魏邦龙,1997;Joshua M. Duke and Rhonda Aull-Hyde,2002)作了详细的介绍。它是将复杂问题分解为多个组成因素,并将这些因素按支配关系进一步分解,按目标层、准则层、指标层排列起来,形成一个多目标、多层次的模型,形成有序的递阶层次结构,通过两两比较的方式确定层次中诸因素的相对重要性,然后综合评价确定诸因素相对重要性的总顺序。

由于层次分析法的基本思想就是将组成复杂问题的多个因素权重的整体判断转变为对这些因素进行"两两比较",然后再转为对这些元素的整体权重进行排序判断,最后确立各因素的权重,这需要由专家根据个人对客观现实的判断给予定量打分。然而在判断矩阵中对元素要求的精确性,需要对每个选择的相对重要性有非常清楚的认识,但是实际中,由于客观事物的复杂性以及人的思维对于模糊概念的运用,用准确的数据来描述相对重要性就显得很困难,将难免对权重的判断有主观性。

3.多因素综合评判

多因素综合评判最大的优点在于可以考察评价对象的多个因素,使评价的覆盖面广,能够全面系统地反映所要评价对象的方方面面。同时,这种方法在使用过程中,在对原始数据进行标准化处理后仍面临一个权数确定的问题。著名的世界经济论坛和瑞士洛桑国际管理学院在对评价各国政府的管理绩效时用的都是这种方法,两家机构均采用主观判断来确定各个因素的权重,例如,IMD将所有硬指标的权重设定为1,软指标的权重设为0.64,自1994年起一直采用这个权数[191](李永强,2006),并且,在参与评价的指标和因素很多的情况下,经过层层权重处理之后,每一指标对管理绩效的影响都是很微弱的,这样会导致重要因素的贡献度相对下降,而一些微不足道的因素的贡献度有相对提升之嫌。

6.1.2 结构方程模型简介

结构方程模型(Structural Equation Modeling,简称SEM)最初是由Bock和Bargmann于20世纪60年代提出的基于统计分析技术的研究方法学,之后,瑞典学者 Joreskog 和 Sorbom 开发出了主要用于分析结构方程模型的软件系统 LISREL(Linear Structural Relationship),对结构方程模型的使用起到了非常巨大的推动作用。运用结构方程模型在整合一般的统计检验方法的同时,又弥补了传统的多变量分析方法存在的理论限制和应用缺陷,是当前非常流行的用于研究变量之间因果关系的一种统计方法。

　　在社会科学研究中,许多变量如行为、能力的功能都难以准确、直接地进行测度,只能找到一些可观察变量作为间接性、替代性的标识,然而这些潜在变量的观察标识总会包含大量的测量误差,而传统的多元回归分析由于要求因变量和自变量均为可测,不能存在测量误差,才能估计出回归系数,因此难以处理社会科学中存在的测量误差问题。与多元回归分析相比,结构方程模型没有严格的假定限制条件,允许自变量和因变量存在测量误差,并且可以分析潜在变量之间的结构关系,特别是结构方程模型可以允许自变量之间存在相关关系,避免了在多元回归分析中难以处理的多重线性问题。因此,社会科学研究中,特别是采用问卷调查法收集数据的情况下,需要使用结构方程进行数据分析[192](李怀祖,2004)。

　　结构方程模型可同时分析一组具有相互关系的方程式,尤其是具有因果关系的方程式。这种可同时处理多组变量之间的关系的能力,有助于研究者开展探索性分析和验证性分析。当理论基础薄弱,多个变量之间的关系不明确而无法确认因素之间关系的时候,可以利用探索性分析来分析变量之间的关系;当研究有理论支持的时候,可以应用验证性分析来验证变量之间的关系是否存在[193](吴兆龙,丁晓,2004)。

　　结构方程分析的基本原理是比较两个或更多个不同协方差矩阵(或相关矩阵),然后通过分析这些不同的协方差矩阵(或相关矩阵)之间的拟合指数来判断原模型是否符合研究要求。结构方程模型主要通过引入潜在变量,来研究抽象变量之间的因果结构关系,因此采用该方法可以方便地研究每一个潜变量与其显变量集合之间的关系,同时可以得到一个能综合各个潜变量且很好地代表系统中所有指标变量的综合指数。每一个结构方程模型由两部分子模型组成。

1. 测量模型

$$X = \lambda_x \varepsilon + \delta$$
$$Y = \lambda_y \eta + \xi \tag{6-1}$$

　　式中,X 为外源指标,Y 是内生指标。ε 是外源潜变量,η 为内生潜变量。λ_x 是 X 对 ε 的回归系数或负荷矩阵,λ_y 是 Y 对 η 的回归系数。δ、ξ 是 X、Y 测量误差构成的向量。

2. 结构模型

$$\eta = B\eta + \Gamma\varepsilon + \zeta \qquad (6\text{-}2)$$

式中,B 为内生潜变量对内生潜变量效应的系数矩阵。Γ 表示潜在外源潜变量对内生潜变量效应的系数矩阵。ζ 表示残差项构成的向量。

$$B = \begin{cases} B_{11} & B_{12} & \cdots & B_{1m} \\ B_{21} & B_{22} & \cdots & B_{2m} \\ \cdots & \cdots & \cdots & \cdots \\ B_{m1} & B_{m2} & \cdots & B_{mm} \end{cases} \qquad \Gamma = \begin{cases} \Gamma_{11} & \Gamma_{12} & \cdots & \Gamma_{1m} \\ \Gamma_{21} & \Gamma_{22} & \cdots & \Gamma_{2m} \\ \cdots & \cdots & \cdots & \cdots \\ \Gamma_{m1} & \Gamma_{m2} & \cdots & \Gamma_{mn} \end{cases} \qquad (6\text{-}3)$$

根据上述定义,结合论文研究内容,设计面向公众环境参与的政府环境管理绩效结构方程模型路径图如图 6-1 所示。

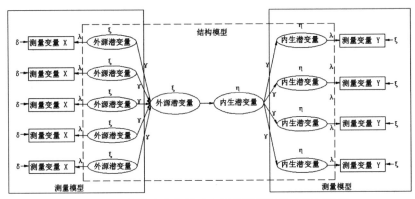

图 6-1　面向公众参与的政府环境管理结构方程示意图

Figuer 6-1　The schematic SEM of government environmental management

oriented to public participation

图 6-1 的结构方程模型,模型的左边由各组测量变量构成,同一组中的所有测量变量都受到同一个外源潜变量的影响。模型的右边则由原始测量变量组成,由它们提取一个综合变量(即内生潜变量)η,使得该变量对所有原变量的代表性最好,同时又可以由所有外源潜变量进行解释。笔者正是从这个模型出发,采用极大似然法对模型参数进行估计(ML),进而得到系统评估指标的计算方法。

一个完整结构方程模型的分析过程如下:① 模型的设定,即根据相关的理论知识和资料,确定出一个关于变量之间相互关系的模型。在这个步骤中,应该要确定出指标与变量之间的关系,变量之间的相互关系(如相关关系、因果关系)以及相关的参数表示等内容。现实研究中一般是用路径图来明确表示出变量之间的相互关系。② 模型的估计和拟合。正如我们在前面所说的那样,结构方程模型的基本原理是通过对再生矩阵和样本矩阵两者之间的比较,来得出模型是否合理的结论的。在这个步骤中,相关的分析软件通过一定方法和迭代过程,估计出所需要的参数,使再生矩阵中的每一个元素尽可能地接近样本矩阵中的相应元素,让两者之间的差距尽可能地小。③ 模型的评价。在进行正式的评价之前,我们需要对模型进行一个大概的判断,例如参数估计值是否在合理的范围内(应该在 -1 和 $+1$ 之间)等,有时候也许会得到一些预期外的数据,但绝对不能出现前后矛盾,冲突过多的现象。然后,我们就可以对模型进行正式的评价了,在得到拟合指数后,我们对其进行判断和考察,以确定模型是否合理。④ 模型的修正。如果通过分析处理得到的拟合指数没有处于合理的范围之内,那我们就需要对拟合指数显示出的原模型中不合理的地方进行修正,重新确定模型,然后重复进行上述一至三的步骤,直至得到合理的模型为止。

6.2　公众环境参与的政府环境管理绩效激励中的关系与假设

从第 5 章的内容可知,论文设计了 11 个变量:城市化水平、人口素质、生活质量、工业化水平、环保投入、公众环境参与能力、政府环境管理绩效、资源节约水平、环境治理水平、污染控制水平、生态安全水平。为了通过数据的统计来验证模型的正确性,有必要对模型中各部分内容之间的关系进行假设。在第 4 章中,笔者已经对影响公众环境参与能力的区域社会结构因素进行了分析,即对城市化水平、人口素质、生活质量、工业化水平、环保投入与公众环境参与能力之间的关系做出了分析,因而在此不再进行讨论,主要对公众环境参与和政府环境管理绩效变量间的相互作用关系进行测量和假设。依据概念模型,公众环境参与能力影响政府环境管理绩效,政府环境管理绩效又影响资源节约水平、环境治理水平、污染控制水平和生态安全水平,这里假设:

H1:公众环境参与能力与政府环境管理绩效正相关。

H2:政府环境管理绩效与资源节约水平正相关。

H3:政府环境管理绩效与环境治理水平正相关。

H4:政府环境管理绩效与污染控制水平正相关。

H5:政府环境管理绩效与生态安全水平正相关。

6.3 正式研究阶段的数据分析与初始结构方程模型的构建

6.3.1 数据的描述性统计分析

1. 主成分分析

我们使用 SPSS16.0 统计软件,使用前文指标体系所选样本,分别对公众环境参与能力和政府环境管理能力的计量项目进行主成分分析。在主成分分析的处理中,为了防止主成分解释方差大的变量,对数据实现进行标准化处理,从相关矩阵出发进行主成分分析。主成分分析结果见表 6-1、表 6-2。

表 6-1 公众环境参与能力的主成分分析结果

Table 6-1 The results of principal component analysis about public capability of environmentally participating

计量项目	因子 1	因子 2	因子 3	因子 4	因子 5
农村人均纯收入	0.944	− 0.125	0.212	0.092	0.046
预期寿命	0.915	− 0.076	− 0.176	− 0.031	− 0.073
人均 GDP	0.913	− 0.278	0.225	0.031	− 0.082
城市人均可支配收入	0.834	− 0.179	0.438	0.085	0.124
人口增长率	− 0.797	0.025	0.263	0.091	0.096
单位面积人数	0.776	− 0.166	0.324	− 0.009	− 0.400
教育年限	0.768	− 0.486	− 0.256	− 0.254	− 0.070
大专以上人口比重	0.764	− 0.507	0.159	− 0.223	0.091
社会建设总规模	0.711	0.651	0.153	− 0.002	0.102
工业总产值	0.695	0.675	0.037	0.147	− 0.020
环境污染治理总投资	0.692	0.655	− 0.109	0.134	0.106
教育经费占 GDP 比重	0.689	0.577	0.122	− 0.297	0.090
三次产业结构	0.644	− 0.555	0.296	− 0.182	0.260
GDP 环比指数	0.583	0.078	− 0.333	0.581	0.282

续表

计量项目	因子 1	因子 2	因子 3	因子 4	因子 5
三次就业结构	0.537	− 0.432	− 0.226	0.424	− 0.424
万人卫生机构人员数	0.227	0.786	− 0.315	− 0.411	− 0.130
工业增加值	0.654	0.713	− 0.022	0.096	− 0.061
城市化率	0.449	− 0.467	− 0.402	0.015	0.321
文盲率	− 0.533	0.326	0.619	0.238	0.011
环保科技资金投入	0.442	0.768	0.155	0.003	0.111
环保科技活动人员数	0.336	0.432	− 0.374	− 0.459	0.029
特征值	9.620	4.245	1.529	1.053	0.694
解释的方差	31.059	28.731	16.678	7.209	6.540
累计解释的方差	31.059	59.790	76.468	83.677	90.217

表 6-2　政府环境管理绩效的主成分分析结果

Table 6-2　The results of principal component analysis about government environmental

management performance

计量项目	因子 1	因子 2	因子 3	因子 4
电耗	0.942	− 0.002	− 0.196	− 0.031
工业废气排放总量	0.883	0.337	− 0.232	0.001
工业废水排达标量	0.849	− 0.325	0.195	0.005
工业废水排放总量	0.844	− 0.304	0.269	0.014
生活废水污染排放总量	0.813	− 0.327	0.048	− 0.033
污染治理项目本年完成投资	0.747	− 0.003	− 0.270	− 0.124
废水污染排放	0.711	0.042	0.488	0.183
SO_2 排放	0.687	0.493	− 0.008	0.160
单位地区生产总值能耗	− 0.104	0.944	0.153	0.024
单位工业增加值能耗	− 0.172	0.896	0.226	0.029
单位地区生产总值电耗	− 0.103	0.861	0.091	− 0.137
工业固体废物产生量	0.539	0.643	− 0.002	− 0.179
人均水资源量	− 0.353	0.006	0.842	0.122

续表

计量项目	因子 1	因子 2	因子 3	因子 4
环境污染直接经济损失	0.237	−0.166	0.801	0.046
森林覆盖率	−0.220	−0.235	0.638	−0.142
湿地面积	0.208	0.213	0.000	0.794
公众满意度	−0.155	0.866	0.174	0.068
工业 SO_2 去除量	0.367	0.209	0.356	−0.496
特征值	6.044	3.686	2.482	1.042
解释的方差	35.284	21.363	14.962	6.359
累计解释的方差	35.284	56.647	71.609	77.968

通过主成分分析,我们对于公众环境参与部分提取了五个主成分,分别是城市化(观测变量为城市化率和地区人口增长率)、人口素质(观测变量为人均教育年限和教育经费占 GDP 的比重)、生活质量(观测变量为人均GDP、人均 GDP 增长率、城镇人均可支配收入、农村人均纯收入和万人卫生机构人员数)、工业化程度(观测变量为工业总产值、工业增加值、三次产业结构和三次就业结构)、环保投入(观测变量为环境治理资金投入和环保科技资金投入)。对于政府环境管理绩效部分提取四个主成分,依次为环境治理(其观测变量为公众满意率、工业废水排放达标率、工业 SO_2 去除率、工业固废综合利用率、工业污染治理投资)、污染控制(观测变量为工业废水排放、生活污水排放、COD 排放和 SO_2 排放)、资源节约(观测变量为单位 GDP能耗、单位 GDP 电耗、单位工业增加值能耗)、生态安全(观测变量为湿地面积、人均水资源量和森林覆盖率)。

两个样本的主成分分析结果都表明公众环境参与能力包括五个特征值在 1.0 以上的主成分,这五个主成分累计解释了 90.2% 的方差,政府环境管理能力包括四个特征值在 1.0 以上的特征值,这四个主成分解释了77.9% 的方差。

2. 数据的可靠性分析

本研究采用了 30 个具体指标来衡量模型中的 11 个要素,这些指标参考了以往相关文献的研究成果,为了确保所选择的这些指标能够有效地描述模型中的相关要素,须对各个指标进行数据可靠性分析。

数据可靠性指一组计量项目是否在衡量同一个概念,是衡量数据质量的一个重要的指标。在实证研究中,学术界普遍采用内部一致性系数

(Cronbach 值)来检验数据可靠性。本文使用 SPSS16.0 软件,计量各指标的内部一致性系数,计算结果见表 6-3。计算结果显示内部一致性系数大于 0.7,说明数据是可靠的,符合统计检验应具备的基本要求。

表 6-3　数据可靠性分析结果

Table 6-3　The results of reliability data analysis

指标	Cronbachα 值	指标	Cronbachα 值
城市化率	0.788	工业废水排放达标率	0.779
教育年限	0.805	工业 SO_2 去除率	0.781
教育经费占 GDP 比重	0.788	工业固废综合利用率	0.747
人均 GDP	0.788	工业污染治理投资	0.759
人均 GDP 增长率	0.762	工业废水排放	0.799
城镇人均可支配收入	0.769	生活污水排放	0.812
农村人均纯收入	0.833	CO 排放	0.785
万人卫生机构人员数	0.823	SO_2 排放	0.776
预期寿命	0.754	工业固废排放	0.818
工业总产值	0.769	单位 GDP 能耗	0.824
工业增加值	0.750	单位 GDP 电耗	0.774
3 次产业结构	0.757	单位工业增加值能耗	0.793
3 次就业结构	0.747	湿地面积	0.798
环保科技活动人员数	0.772	森林覆盖率	0.802
环境治理资金投入	0.746	人均水资源量	0.766
环保科技资金投入	0.747		

6.3.2　初始结构方程模型的构建

在前述文献研究与定性研究的基础上,我们提出了如图所示的面向公众环境参与的政府管理绩效初始结构方程概念模型,见图 6-2。

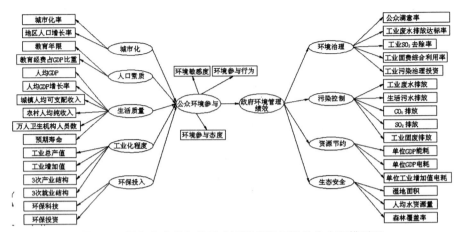

图 6-2　面向公众参与的政府环境管理初始结构方程模型图

Figure 6-2　The initial SEM for government environmental management oriented to public participation

图中相关符号说明如下：

〇　椭圆表示潜变量或因子。

▭　矩形表示观测变量或指标。

➡　单向箭头表示变量间单项影响／效应。

6.4　模型拟合与研究假设验证

模型拟合较为复杂，为此，我们先从模型的测量模型部分入手，然后逐步增加到整体模型。本研究采用的拟合策略是先对每一个测量模型分别拟合，剔除因子载荷过小，统计检验不显著，理论意义有交叉的指标，在每个测量模型拟合符合标准之后，再进行整体模型的拟合。

6.4.1　模型拟合优度结果

根据美国学者 Anderson 的观点，在检验结构方程模型之前应先对概念模型进行评估[194]（Aderson,James,David W. Gerbing., 1988）。为此，我们使用 LISREL8.52 软件的极大似然估计程序，以附表 1、附表 2 所示的相关系数矩阵为输入矩阵，分别对模型中公众环境参与能力影响因素的 14 个测量指标和政府环境管理绩效的 15 个测量指标进行验证性因子分析，我们主要根据规范拟合指数（NFI）、不规范拟合指数（NNFI）、比较拟合优度（CFI）、增量拟合优度（IFI）、相对拟合优度（RFI）、拟合优度（GFI）、调整后拟合优度（AGFI）、均方差残差（RMR）、近似均方差残差（RMSEA）等指标，衡量模型与数据的拟合程度。公众环境参与能力模型与数据拟合优度结果见表 6-4，政府环境管理绩效模型与数据拟合优度结果见表 6-5。

表 6-4　　公众环境参与能力模型拟合优度结果

Table 6-4　The test results of model goodness-of-fit about public

capability of environmentally participating

χ^2	DF	P	NFI	NNFI	CFI	IFI	GFI	AGFI	RFI	RMR	RMSEA
119.9	55	0.00	0.93	0.93	0.98	0.98	0.75	0.95	0.63	0.03	0.07

表 6-5　　政府环境管理绩效模型拟合优度结果

Table 6-5　The test results of model goodness-of-fit about government

environmental management performance

χ^2	DF	P	NFI	NNFI	CFI	IFI	GFI	AGFI	RFI	RMR	RMSEA
172.5	71	0.00	0.89	0.90	0.92	0.92	0.97	0.95	0.87	0.02	0.08

第一个指标是卡方统计量（χ^2），美国社会统计学家威顿（Blair Wheaaton）等人认为，卡方统计量与自由度之比在 $2 \sim 5$，表明模型与数据的拟合程度是可以接受的。本研究的模型对数据的拟合优度指标中 χ^2/DF 的值分别为 2.18 和 2.43，数值不是很大，原因在对各地区分组进行评价中导致样本数量较小，但仍然要求范围之内，故可接收上述模型[195]（侯杰泰，成子娟，1999）。学术界普遍认为 NFI、NNFI、CFI、IFI、GFI、AGFI、RFI 值大于 0.9，RMR 值小于 0.05，RMSEA 值小于 0.05，表明模型与数据的拟合程度很好[196]（Hair，Joseph F.，Jr. Rllph E. Anderson，Ronald L. Tatham，William C. Black，1998）。RMR 和 RMSEA 值在 0.05 和 0.08 之间，AGFI 值在 0.8 与 0.9 之间，模型与数据的拟合程度是可以接受的。

虽然有一个指标没能达到一般认定的拟合优度，但有学者指出：对于包含较多变量的模型而言，完全达到一般认定的拟合优度是比较困难的。面向公众环境参与的政府环境管理绩效研究模型中包含了 11 个变量，30 个测量指标，所以有部分拟合优度指标不能达到标准是可以接受的，并且其余的拟合指标都表明模型拟合结果是较好的。

对公众环境参与测量模型的验证分析结果见图 6-3、图 6-4。

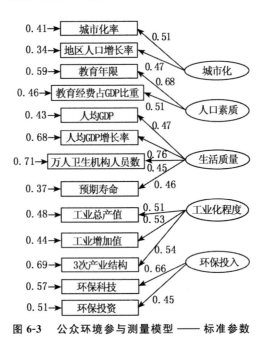

图 6-3   公众环境参与测量模型 —— 标准参数

Figure 6-3   Measurement model of public participation—standard parameters

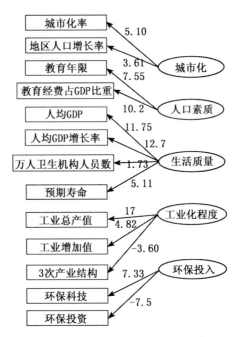

图 6-4   公众环境参与测量模型 ——t 检验值化

Figure 6-4   Measurement model of public participation—T test value

对政府环境管理绩效的测量模型的验证分析结果见图 6-5、图 6-6。

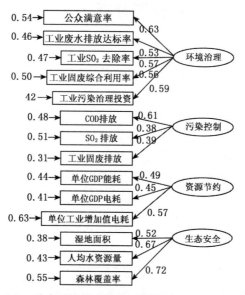

图 6-5　政府环境管理绩效测量模型 —— 标准参数

Figure 6-5　Measurement model of government environmental management performance—standard parameters

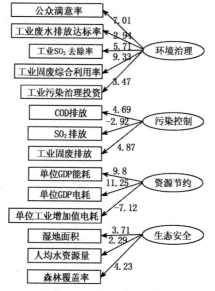

图 6-6　政府环境管理绩效测量模型 —— t 检验值化

Figure 6-6　Measurement model of government environmental management performance—T test value

6.4.2 结构方程模型分析

我们以附表3所示的相关系数矩阵为输入矩阵,使用LISREL8.7极大似然估计程序进行结构方程模型分析,检验前文提出的概念模型.概念模型分析结果见图6-7。

从拟合程度来看,P值是显著的,规范拟合指数(NFI)、不规范拟合指数(NNFI)、比较拟合优度(CFI)、增量拟合优度(IFI)、相对拟合优度(RFI)、拟合优度(GFI)、调整后拟合优度(AGFI)等指标都大于0.90,均方差残差(RMR)、近似均方差残差等指标(RMSEA)都小于0.05,表明模型与数据拟合。

表 6-6 结构方程模型拟合优度结果

Table 6-6 The test results of goodness-of-fit in SEM

χ^2 / DF	P	NFI	NNFI	CFI	IFI	GFI	AGFI	RFI	RMR	RMSEA
2.12	0.00	0.98	0.98	0.99	0.99	0.92	0.95	0.98	0.03	0.04

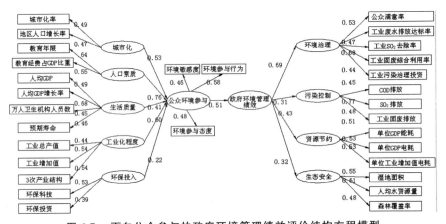

图 6-7 面向公众参与的政府环境管理绩效评价结构方程模型

Figure 6-7 The SEM for evaluation of government environmental management

performance oriented to public participation

如图所示,面向公众环境参与的政府环境管理绩效的结构方程模型分析结果表明,公众环境参与能力与政府环境管理绩效之间存在着密切的关系,两者之间的完全标准化解达到0.51,说明公众的环境参与能力是能够激励政府的环境管理绩效的,一个地区的公众环境参与能力高,那么自然政府的环境管理绩效水平就会高,反之亦然。政府环境管理绩效与环境治理水平、资源节约水平、生态安全水平、污染控制水平各自的完全标准化解分别为 0.69、0.43、0.32 和 0.31,表明后者都反映了政府的环境管理绩效,政府环境管理绩效与它们是正相关的关系。

模型的稳定性检验:

对于前文的拟合模型,无论各种拟合指标多么优良,为了避免该模型可能仅仅适用于所选定的特定样本,而不具备总体适用性,为此应对模型的稳定性进行评价。模型稳定性评价主要用于一个模型与同一个总体下的另外样本数据的拟合情况。一般采用两种方法:一种是收集两个样本;另一种是收集足够多的样本再随机分为两个样本。其中一个为检验样本,另外一个为复核样本。首先评价模型与检验样本数据的拟合情况,然后再用复核样本检验,若两者的结果相近,则表示该模型有交叉验证的能力。在结构方程模型中可通过多样本比较来完成模型稳定性检验,即以 ECVI 值为标准,通过多样本比较来选择既有良好内部有效性,又有良好的外部推广能力的模型,一般而言,ECVI 值越小,模型的预测效度就越好。本研究采用 2003 年和 2007 年两个样本对面向公众参与的政府环境管理绩效评价的结构方程模型两次拟合的 ECVI 值分别是第一次拟合模型 ECVI 值为 1.43,90% 的置信区间为(1.11,2.07);第一次拟合模型 ECVI 值为 1.36,90% 的置信区间为(1.13,1.19),从复核效度的角度来看,第二次拟合的 ECVI 值 90% 的置信区间更小,为此能够说明前面的模型选择是恰当的。

6.5　面向公众环境参与的政府环境管理绩效实证研究

根据结构方程的拟合情况,论文对于面向公众环境参与的政府环境管理绩效评价指标及指标间的相互关系进行了探讨。为了进一步度量其绩效,我们作如下约定。

6.5.1　建立因素集

我们将结构方程所论证的影响政府环境管理绩效的各种因素构成的集合称为因素集,用 U 表示:

$$U = \{U_1, \ U_2, \ U_3, \ \cdots, \ U_m\}$$

按照前文结构方程的拟合结果,我们选定环境治理、污染治理、资源节约、生态安全、公众环境参与、城市化、人口素质、生活质量、工业化程度和环保投入十个因素(即内生潜变量和外源潜变量)构成影响政府环境管理绩效的评判因素集。

6.5.2 权重的确定

为了反映各因素的重要程度,常对各个因素分配一个相应的权数 a_i, $i = 1, 2, 3, \dots, m$,通常要求 a_i 满足:$a_i \geqslant 0$;$\sum a_i = 1$。

路径系数反映了原因变量对结果变量的直接影响,能够最本质地说明变量的相对重要程度,路径系数越大,直接影响程度越大,因此可以将归一化后的路径系数作为确定指标权重的依据。通过对结构方程拟合结果分析,外源潜变量和内生潜变量与政府环境管理绩效指标间的标准化路径系数 γ_{ij} 反映了相应变量对政府环境管理绩效的解释(影响)程度,为此,我们作如下假定。

① 内生潜变量对政府环境管理绩效的贡献,即权重为 $a_{\eta i} = \gamma_{\eta i} / \sum\limits_{i=1}^{m} \gamma_{\eta i}$。

② 外源潜变量对政府环境管理绩效的贡献,即权重为 $a_{\xi i} = \gamma_{\xi i} / \sum\limits_{i=1}^{n} \gamma_{\xi i}$。

③ 结构方程模型中变量与指标之间的权重为 $a_{\delta i} = \lambda_{\delta i} / \sum\limits_{i=1}^{n} \lambda_{\delta i}$,或 $a_{\zeta i} = \lambda_{\zeta i} / \sum\limits_{i=1}^{n} \lambda_{\zeta i}$。

至此,我们可以得到面向公众环境参与的政府环境管理绩效评价计量方程。

6.5.3 面向公众环境参与的政府环境管理绩效计量方程和评价指标体系

面向公众环境参与的政府环境管理绩效 $=$

$[a_{\eta 1} \quad a_{\eta 2} \quad a_{\eta 3} \quad a_{\eta 4}][U_1 \quad U_2 \quad U_3 \quad U_4]^T + a_{\xi 1} \cdot U_5 +$

$[a_{\xi 1} a_{\xi 2} \quad a_{\xi 1} a_{\xi 3} \quad a_{\xi 1} a_{\xi 4} \quad a_{\xi 1} a_{\xi 5} \quad a_{\xi 1} a_{\xi 6}][U_6 \quad U_7 \quad U_8 \quad U_9 \quad U_{10}]^T$

其中外源潜变量和指标间的关系为:$U_i = X_i \cdot a_{\delta i}$;内生潜变量和指标间的关系为:$U_j = Y_j \cdot a_{\zeta i}$。$a_{\xi 1} a_{\xi i}$ 表示部分外源潜变量对政府环境管理绩效的间接效应。

　　结合前文理论综述和结构方程拟合及假设验证,得出面向公众环境参与的政府环境管理绩效评价指标体系如表 6-7 所示。

表 6-7　面向公众参与的政府环境管理绩效评价指标体系

Table 6-7　The evaluation index system for government environmental management performance oriented to public participation

目标层	准则层	权重	指标层	权重
面向公众参与的政府环境管理绩效	环境治理 U_1	$a_{\eta 1} = \gamma_{\eta 1} / \sum\limits_{i=1}^{4} \gamma_{\eta i}$	公众满意度	$a_{\eta 1 \delta 1} = \lambda_{\eta 1 \delta 1} / \sum\limits_{i=1}^{5} \lambda_{\eta 1 \delta i}$
			工业废水排放达标率(%)	$a_{\eta 1 \delta 2} = \lambda_{\eta 1 \delta 2} / \sum\limits_{i=1}^{5} \lambda_{\eta 1 \delta i}$
			工业二氧化硫去除率(%)	$a_{\eta 1 \delta 3} = \lambda_{\eta 1 \delta 3} / \sum\limits_{i=1}^{5} \lambda_{\eta 1 \delta i}$
			工业固体废物综合利用率(%)	$a_{\eta 1 \delta 4} = \lambda_{\eta 1 \delta 4} / \sum\limits_{i=1}^{5} \lambda_{\eta 1 \delta i}$
			工业污染治理投资(万元)	$a_{\eta 1 \delta 5} = \lambda_{\eta 1 \delta 5} / \sum\limits_{i=1}^{5} \lambda_{\eta 1 \delta i}$
	污染控制 U_2	$a_{\eta 2} = \gamma_{\eta 2} / \sum\limits_{i=1}^{4} \gamma_{\eta i}$	COD 排放总量(万吨)	$a_{\eta 2 \delta 1} = \lambda_{\eta 2 \delta 1} / \sum\limits_{i=1}^{3} \lambda_{\eta 2 \delta i}$
			二氧化硫排放总量(万吨)	$a_{\eta 2 \delta 2} = \lambda_{\eta 2 \delta 2} / \sum\limits_{i=1}^{3} \lambda_{\eta 2 \delta i}$
			工业固体废物产生量(万吨)	$a_{\eta 2 \delta 3} = \lambda_{\eta 2 \delta 3} / \sum\limits_{i=1}^{3} \lambda_{\eta 2 \delta i}$
	资源节约 U_3	$a_{\eta 3} = \gamma_{\eta 3} / \sum\limits_{i=1}^{4} \gamma_{\eta i}$	单位 GDP 能耗(吨标准煤/万元)	$a_{\eta 3 \delta 1} = \lambda_{\eta 3 \delta 1} / \sum\limits_{i=1}^{3} \lambda_{\eta 3 \delta i}$
			单位 GDP 电耗(千瓦小时/万元)	$a_{\eta 3 \delta 2} = \lambda_{\eta 3 \delta 2} / \sum\limits_{i=1}^{3} \lambda_{\eta 3 \delta i}$
			单位工业增加值能耗(吨标准煤/万元)	$a_{\eta 3 \delta 3} = \lambda_{\eta 3 \delta 3} / \sum\limits_{i=1}^{3} \lambda_{\eta 3 \delta i}$

目标层	准则层	权重	指标层	权重
面向公众参与的政府环境管理绩效	生态安全 U_4	$a_{\eta 4} = \gamma_{\eta 4} / \sum\limits_{i=1}^{4} \gamma_{\eta i}$	人均湿地面积（公顷／人）	$a_{\eta 4\delta 1} = \lambda_{4\delta 1} / \sum\limits_{i=1}^{3} \lambda_{\eta 4\delta i}$
			森林覆盖率（%）	$a_{\eta 4\delta 2} = \lambda_{4\delta 2} / \sum\limits_{i=1}^{3} \lambda_{\eta 4\delta i}$
			人均水资源量（立方米／人）	$a_{\eta 4\delta 3} = \lambda_{4\delta 3} / \sum\limits_{i=1}^{3} \lambda_{\eta 4\delta i}$
	公众环境参与 U_5	$a_{\xi 1} = \gamma_{\xi 1} / \sum\limits_{i=1}^{6} \gamma_{\delta i}$	环境敏感度	$a_{\xi 1\zeta 1} = \lambda_{\xi 1\zeta 1} / \sum\limits_{i=1}^{3} \lambda_{\xi 1\zeta i}$
			环境参与行为	$a_{\xi 1\zeta 2} = \lambda_{\xi 1\zeta 2} / \sum\limits_{i=1}^{3} \lambda_{\xi 1\zeta i}$
			环境参与态度	$a_{\xi 1\zeta 3} = \lambda_{\xi 1\zeta 3} / \sum\limits_{i=1}^{3} \lambda_{\xi 1\zeta i}$
	城市化 U_6	$a_{\xi 2} = \gamma_{\xi 2} / \sum\limits_{i=2}^{6} \gamma_{\delta i}$	城市化率	$a_{\xi 2\zeta 1} = \lambda_{\xi 2\zeta 1} / \sum\limits_{i=1}^{2} \lambda_{\xi 2\zeta i}$
			城市人口增长率	$a_{\xi 2\zeta 2} = \lambda_{\xi 2\zeta 2} / \sum\limits_{i=1}^{2} \lambda_{\xi 2\zeta i}$
	人口素质 U_7	$a_{\xi 3} = \gamma_{\xi 3} / \sum\limits_{i=2}^{6} \gamma_{\delta i}$	教育年限	$a_{\xi 3\zeta 1} = \lambda_{\xi 3\zeta 1} / \sum\limits_{i=1}^{2} \lambda_{\xi 3\zeta i}$
			教育经费占 GDP 比重	$a_{\xi 3\zeta 2} = \lambda_{\xi 3\zeta 2} / \sum\limits_{i=1}^{2} \lambda_{\xi 3\zeta i}$
	生活质量 U_8	$a_{\xi 4} = \gamma_{\xi 4} / \sum\limits_{i=2}^{6} \gamma_{\delta i}$	人均 GDP	$a_{\xi 4\zeta 1} = \lambda_{\xi 4\zeta 1} / \sum\limits_{i=1}^{3} \lambda_{\xi 4\zeta i}$
			人均 GDP 增长率	$a_{\xi 4\zeta 2} = \lambda_{\xi 4\zeta 2} / \sum\limits_{i=1}^{3} \lambda_{\xi 4\zeta i}$
			万人卫生机构人员数（人）	$a_{\xi 4\zeta 3} = \lambda_{\xi 4\zeta 3} / \sum\limits_{i=1}^{3} \lambda_{\xi 4\zeta i}$

目标层	准则层	权重	指标层	权重
面向公众参与的政府环境管理绩效	工业化程度 U_9	$a_{\xi 5} = \gamma_{\xi 6} / \sum\limits_{i=2}^{6} \gamma_{\xi i}$	工业总产值占 GDP 的比重	$a_{\xi 5 \zeta 1} = \lambda_{\xi 5 \zeta 1} / \sum\limits_{i=1}^{3} \lambda_{\xi 5 \zeta i}$
			工业增加值占 GDP 比重	$a_{\xi 5 \zeta 2} = \lambda_{\xi 5 \zeta 2} / \sum\limits_{i=1}^{3} \lambda_{\xi 5 \zeta i}$
			三次产业结构	$a_{\xi 5 \zeta 3} = \lambda_{\xi 5 \zeta 3} / \sum\limits_{i=1}^{3} \lambda_{\xi 5 \zeta i}$
	环保投入 U_{10}	$a_{\xi 2} = \gamma_{\xi 2} / \sum\limits_{i=2}^{6} \gamma_{\xi i}$	环保资金投入	$a_{\xi 5 \zeta 1} = \lambda_{\xi 5 \zeta 1} / \sum\limits_{i=1}^{2} \lambda_{\xi 5 \zeta i}$
			环保科技活动人员数	$a_{\xi 5 \zeta 2} = \lambda_{\xi 5 \zeta 2} / \sum\limits_{i=1}^{2} \lambda_{\xi 5 \zeta i}$

6.5.4　指标体系的特点

① 采用结构方程模型,更符合实际,而且便于操作。

② 引入影响公众环境参与能力的因素,使政府环境管理绩效与公众环境参与能力挂钩,找到公众与政府共同参与环境管理的切入点,使评价的针对性和实用性提高。

③ 在政府环境管理影响评价指标体系的指标选择上,首次将影响公众环境参与能力的因素纳入指标体系,以便于实现公众参与对政府环境管理的激励,进一步提高政府环境管理的绩效。

6.5.5　对我国东中西部的实证分析

在实证分析中,公众环境参与能力的数据来源于《2007 年中国公众环境意识调查》,笔者选取东部、中部和西部三个地区为研究样本,对应各地区其他潜变量的原始数据根据《中国统计年鉴 2007》的有关版面数据进行计算加工整理,在此基础上获得评价指标体系的原始数值,然后根据梯型模糊隶属度函数对原始数值进行无量纲处理。

1. 对于正向指标采用半升梯型模糊隶属度函数进行量化

$$\alpha_1 = \frac{x_{ij} - m_{ij}}{M_{ij} - m_{ij}} = \begin{cases} 1 & x_{ij} \geqslant M_{ij} \\ \dfrac{x_{ij} - m_{ij}}{M_{ij} - m_{ij}}, & m_{ij} < x_{ij} < M_{ij} \\ 0 & x_{ij} \leqslant m_{ij} \end{cases} \quad (6\text{-}4)$$

2. 对于反向指标采用半降梯型模糊隶属度函数进行量化

$$\alpha_2 = \frac{x_{ij} - m_{ij}}{M_{ij} - m_{ij}} = \begin{cases} 1 & x_{ij} \geqslant M_{ij} \\ \dfrac{M_{ij} - x_{ij}}{M_{ij} - m_{ij}}, & m_{ij} < x_{ij} < M_{ij} \\ 0 & x_{ij} \leqslant m_{ij} \end{cases} \quad (6\text{-}5)$$

其中：x_{ij} 代表原始数据，M_{ij}、m_{ij} 分别表示各项指标的最大值、最小值，α_1、α_2 为指标隶属度，取值范围在 0～1 之间。

根据式（6-4）和式（6-5）通过 MATLAB 软件计算得出这 3 个省市 29 个指标经过归一化处理后的数值，然后建立评价模型：

$$Y_i = \sum_{j=1}^{29} W_j X_{ij} \qquad i = 1,2,3 \quad (6\text{-}6)$$

其中，Y_i 为反映基于生态文明的政府环境管理绩效综合因子，X_{ij} 为第 i 个省市第 j 个指标经过归一化处理之后的标准值，W_j 为政府环境管理绩效指标体系中第 j 个指标的权重。

依据评价模型（6-6）计算出代表东中西部地区 3 个省市的综合得分，见表 6-8。

表 6-8　2007 东中西部面向公众环境参与的政府环境管理绩效

Table 6-8　The performance of government environmental management performance oriented to public participation in east, central and western regions in 2007

指标 城市	环境 治理	污染 控制	资源 节约	生态 安全	公众 环境 参与	城市 化	人口 素质	生活 质量	工业 化	环保 投入	总绩效
东部	0.33	0.12	0.42	0.36	0.41	0.42	0.55	0.34	0.35	0.37	0.444
中部	−0.21	−0.07	0.35	0.23	0.21	0.18	0.37	0.27	0.02	0.08	0.098
西部	−0.19	0.11	0.33	0.34	0.19	0.19	−0.18	0.28	−0.32	−0.15	0.130

基于路径分析的赋权方法是通过计算路径系数，反映原因变量对结果

变量的直接影响,即从指标的功能性角度出发来确定指标权重。这种赋权方法更能够从本质上说明各变量的相对重要程度,是一种动态的客观赋权方法,指标权数随着评价客体范围、评价指标值的不同而发生变化。实证分析表明,基于路径系数权重的政府环境管理绩效评价模型可操作性强、适用面广,具有较强的科学性和实用性。

6.6　本章小结

　　本章是在第 5 章研究基础上的进一步推进,在构建了面向公众环境参与的政府环境管理绩效评价概念模型之后,由于各变量之间关系的复杂性和不确定性,需要采用一种合适的方法来确定变量之间的关系及其影响程度,以实现绩效评价的目的,本章利用结构方程模型对面向公众环境参与的政府环境管理初步评价指标体系进行了验证分析,并在此基础上确定出各评价指标的权重,为实证分析奠定基础。

第7章　　结论与展望

7.1　　论文得出的主要结论

7.1.1　　政府环境管理缺少干预社会经济过程实现公众参与环境管理的目标

对公众环境参与的社会结构因素分析表明,剔除了环境知识的因素之后,各变量对公众环境参与能力的解释力度只达到了 16％,区域社会结构中是包括社会和经济因素的,这一方面说明有更多的影响公众环境参与能力的潜在因素有待发现,另一方面,区域社会结构的解释力不强也证明了政府在通过干预社会经济过程来实现公众参与环境管理的目标的缺乏。

7.1.2　　公众环境参与能力能够对政府环境管理绩效产生激励

公众环境参与能力与政府环境管理绩效之间存在着密切的关系,如果一个地区的公众环境参与能力较高,那么该地区政府的环境管理绩效水平也随之提高,反之亦然,这两者之间是一个正相关的关系,这种结论已经在现实生活中得到了证实。

7.1.3　　在环境管理中将公众参与纳入政府环境管理绩效评价体系改善了环境管理的末端治理特征

中国的环境管理政策和制度还基本停留在项目管理层次,这是一个不争的事实。对环境管理绩效的评估基本上是对末端污染物排放的控制,并且缺乏有效的公众监督。将公众环境参与能力纳入政府的环境管理评价体系,并实现评价的可行性与可操作性,是对环境管理生态文明的付诸实施,是环境管理的末端控制向过程控制的一次飞跃。

7.2　提高环境管理绩效的对策建议

7.2.1　对公众而言

众所周知,环境污染中最直接的受害者往往是底层百姓和贫困社区,由于他们所处的弱势地位,以及环境污染损害的渐进性,使得许多受害人群维权无门、无力。同样,虽然农村偏远地区居民是靠当地自然资源来维持生计的群体,但往往没有权力参与影响自身资源权力的决策过程,而被各种开发和保护活动限制对资源的使用,甚至遭受资源破坏而生计无以为继。如何保障和维护这些弱势群体的权力,实现环境公正是环境管理政策制定必须面对的问题。

根据实证分析的结果,对当前我国公众环境参与能力的现状和影响因素综合分析的结果,可以得到一些有益的启示:随着公众收入水平的不断提高,公众参与程度也会逐步提升,但这并不意味着不需要采取任何措施,等收入增加以后来实现公众参与程度的提高,而是应该主动采取有关激励手段,使公众收入还未达到较高水平时,公众参与程度同样能得到积极提升。具体来讲,一是通过扩展和完善公众环境权利、提高公众教育水平,增强公众参与意识及参与能力,这是从公众参与的内部激励方面采取的有效手段;二是要提高政府环境管制力度,增加公众参与的预期效用实现的可能性,巩固公众对政府执行力的信心,这是实现公众参与程度提升的重要的外部激励手段。

因此,笔者认为,当前我国公众环境参与能力的提高应采取以下方法。

首先,重点加强参与式环境宣传和环境教育。环境宣传的目的是将环境危机感深深植入公民心中,而环境教育是为了激发公民的责任感和采取积极环境行为的自觉性。参与式环境宣传和环境教育是一种自下而上的宣传和教育途径,通过加大环境宣传和教育中的参与式比例来营造有利于环境保护事业发展的舆论氛围,并辅之于正规却不失灵活的教育和培训以达到普及的目的,同时当地政府在此过程中采取适当的激励措施,对公民的环保行为予以政策性鼓励,从法律、制度、参与程序和具体管理规则等方面积极培植、扶持和引导,为公民的环境行为提供渠道和活动空间,在潜移默化中转变和提高人们的环境观念。

其次,以社区为单位扩大和完善公共参与。社区作为社会的"基本细胞",是扩大和完善公共参与的基础。特别是在当前发展社会主义生态文明的大背景下,每一项改革的措施都要依托于社区,解决各种社会问题也离不开社区。政府各个部门只有依托社区这个基础平台,才能把自身的管理触角伸向基层,才能使各类社会主体的行为有利于保护和改善环境。也只有以社区为单位扩大和完善公共参与,让居民对身边环境最为直接的感受通过合适的渠道进行表达和诉求,才能使居民逐步建立起科学健康的环境意识与环境友好的生产生活方式。

再次,实施以科学发展观为指导的经济建设,建立环境与经济协调发展度评价指标体系下的经济良性增长机制,在提高公民的生活质量中实现生态环境质量的改善,与此同时发挥妇女在环境保护经济领域中的角色。以家庭消费为例:据统计,我国家庭中70%的消费是通过妇女进行和完成的,在基层社区更是如此。妇女的环境意识与环境态度直接对产品生产的结构产生影响,进而影响到环境状况,因而,加大对妇女的环境宣传教育力度,增强她们的环境意识,鼓励她们参与环境保护的积极性,将极大促进社会整体公民环境行为绩效的提高。

最后,重视发挥基层民间环保组织的作用。民间环保组织拥有丰富和充分的专门知识或具体信息,具有热心于保护环境,富于环境道德、环境意识、环境文化等特征,近年来在大的城市社区成长迅速。民间环保组织的成员以自愿的方式参与到实现某种公共利益的活动中去,它们的出现和壮大对提高公民的环境意识和环境行为水平产生了不可替代的作用。由于种种原因,我国的民间环保组织功能还没有充分发挥,特别是在广大中西部环境相对恶劣的地区更是难觅踪影。因此,如何提高民间环保组织的能力建设,发挥基层民间环保组织的作用,应成为今后一个值得关注的问题。

7.2.2 对政府而言

政府的环境管理不能仅是针对污染的末端管理,在生态文明社会的建设中,政府的环境管理的战略定位应该重新设定。面向公众参与的政府环境管理战略定位是建立在地区生态文明的基础上,将提升公民环境参与能力的目标纳入到对地方政府环境管理有效性的考评当中,因地制宜,对各地区环境管理制定基本谋划和策略。战略的主要内容应包括总体战略、基本战略和部门战略三个主要部分。其中总体战略主要讨论区域环境管理战略主要目标;基本战略主要研究如何针对当地公众加强其环境参与能力的基本政策设计,包括公众环境参与策略和制度保障策略;部门战略是涉及环境管理的各职能领域和部门制定的战略,见图7-1。

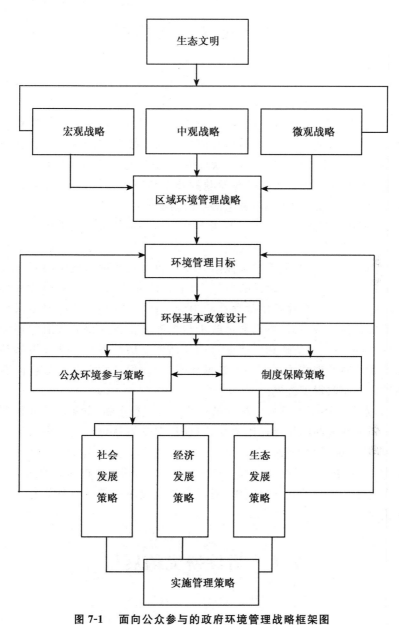

图 7-1　面向公众参与的政府环境管理战略框架图

Figure 7-1　Strategic framework plan of government environmental management performance oriented to public participation

7.3　论文的创新点

从研究的整个过程和内容来看,本论文的创新之处主要体现在以下三点。

(1) 从区域社会结构层面对影响公众环境参与能力的因素进行了定量研究。从区域社会结构层面研究公众环境参与能力的目的是为了找到提升公众环境参与水平的变量,进而提升面向公众环境参与的政府环境管理绩效。同时从区域社会结构层面对公众环境参与能力进行分析,是对以往仅从个人禀赋角度研究公众环境参与问题的补充和完善,因为公众环境参与的影响因素不仅包括个体因素,还包括结构因素。

(2) 使用定量方法对公众环境参与和政府环境管理之间的关系进行研究,在一定程度弥补了现有研究使用定量方法较少的不足。从博弈论到结构方程,论文力求通过数学工具来探索公众和政府在环境管理中的互动过程和作用关系,以保证整个论证的科学性,通过研究,分析了公众环境参与能力对政府环境管理绩效发生激励过程中的一些具体因素,使研究结果有了定量的数据的支持。我们可以通过改进相关测度指标来提高政府的环境管理水平,也可以更加清晰和方便地对如何从宏观层面提高公众环境参与能力和政府环境管理绩效水平给出意见和建议,在促使相关理论分析向实际应用转化方面取得了进展。

(3) 利用LISREL软件对构建的结构方程进行分析,验证了构建模型时假设的六个变量间的相互作用关系,当前许多学者从理论角度进行了很多分析,虽然正确但缺少数据分析结果的支持,对各变量之间的影响力大小也无法量化。本研究通过结构方程分析解决了这些问题,并将其运用到对政府环境管理绩效评价的实证研究中,对研究当前政府的绩效管理具有一定的方法论意义。

7.4　后续研究的展望

7.4.1　研究的局限

1. 数据获取方面

论文中除了与公众参与能力有关的数据是通过调查问卷得到的之外,

其他数据的获取均是通过各级统计部门的标准数据。而且对于对面向公众环境参与的政府环境管理绩效评估,许多有价值的指标并未纳入目前的统计口径,如与环境政策执行保障相关的指标、环境信息知情度的指标等。与政府环境管理绩效有关的数据大都来自相关统计年鉴,不可避免地导致评价指标建立的片面性。同样由于数据获取的限制,论文缺乏从时间序列上更深入地分析公众环境参与和政府环境管理绩效的实证研究。

2. 样本数量方面

关于结构方程中样本数量最小应该是多少的问题,学术界一直有争论。一些文献的建议不仅不清楚,甚至是相互矛盾。但有一点是大多数研究者都同意的,即样本数量越大越好。一般而言,样本量要大于 100,但大于 200 更好,因为小于 100 的样本所产生的协方差矩阵不稳定,使得结构方程模型分析的结果信度低[197](侯杰泰等,2004)。面向公众环境参与的政府环境管理绩效评价由于地域的客观局限,样本数量不可能很大,对各变量进行标准化之后选取的均值的处理,是不得已的替代方法。

3. 研究知识的局限

面向公众环境参与的政府环境管理,目的就是在改善环境管理绩效的过程中,全面提升公众的环境参与能力。正如第 4 章所述,区域社会结构对公众环境参与能力的影响加上环境知识的作用才达到 34%,除去环境知识的中介影响,区域社会结构因素对公众环境参与能力的解释力度只有 16%。说明还有很多影响公众环境参与能力的因素还有待发掘,如何从宏观角度发现更多有解释意义的变量,由于知识的限制,需要笔者在下一步研究中继续完善。

7.4.2　进一步研究的问题

将公众环境参与纳入政府环境管理体系,进行面向公众参与的政府环境管理研究是本论文的核心,研究主要基于环境社会学、环境管理学、政府绩效评估等原理或假说进行理论分析和实证检验,研究结论是在理论上和统计数据的经验验证上得以保证的。由于我国环境管理在理论体系上与实践上还不成熟、环境管理统计数据本身的不完整性和难以获得,以及笔者精力所限,本研究只采用了全国分省的地区数据进行实证分析。但不可否认的是,实际环境问题中所牵涉的政府、公众个体情况千差万别,仅用省级层面的数据来模拟公众环境参与对政府环境管理绩效的影响可能尚显不足。通过深入地实地调研所得到的启发及所获取的微观数据可能使得本研究更加充实,弥补在理论模型中所遗漏的重要变量,摆脱统计数据缺失的研究局限,从而有助于加深对政府环境管理和公众环境参与能力的认识,这也是本研究在今后所期望做到的。

参考文献

[1] 任莉颖.环境保护中的公众参与.环境问题与环境意识.北京:华夏出版社,2001.

[2] 朱建军.环境保护问题的心理学研究——现状与趋势.北京林业大学学报(社会科学版),2002(1).

[3] 王曦.美国环境法概论.武汉:武汉大学出版,1992.

[4] 沈满洪.论环境经济手段.经济研究,1997(10).

[5] 吴荻,武春友.建国以来中国环境政策的演进分析.大连理工大学学报(社会科学版),2006(12).

[6] 吴建华.试析战后日本环境政策的演变.西南师范大学学报(人文社会科学版),2004(5).

[7] 朱德明,赵海霞.关注城乡统筹发展中的二元环境结构.现代经济探讨,2005(6).

[8] 赵海霞,朱德明,我国环境管理的理论命题与机制转变.南京农业大学学报(社会科学版),2007(3).

[9] 李新民,李天威.中西方国家环境影响评价公众参与的对比.环境科学,1998(增刊).

[10]Dunlap R. Environmental Sociology:A Personal Perspective on its first quarter century. Organization&Environment,2002(1).

[11]世界银行技术文件(第 139 号).环境评价资料汇编.北京:国家环境保护局,1993.

[12]Edwards M. The irrelevance of development studies in Third World Quarterly,1984,June.

[13]Friedmann J. Empowerment:The Polities of Alternative Development. MA. Blackwell,Cambridge,1992.

[14]王库.生态政治视角下的政府环境管理初探.行政与法,2008(9).

[15]王彩梅.试论公民参与能力的提高.理论导刊,2006(10).

[16]洪大用.中国环境社会学——一门建构中的学科.北京:社会科学文献出版社,2007.

[17]卓越.公共部门绩效评估.北京:中国人民大学出版社,2004.

[18]理查德·威廉姆斯著;蓝天星翻译公司译.组织绩效管理.北京:清华大学出版社,2002.

[19]尤晓云.绩效优异评估标准.北京:中国标准出版社,2002.

[20]Ghobadian, Abby. Performance Measurement in Local Government-Concept and Practice . International Journal of Operations&Production Management,1994(14).

[21]Michael Armstrong. Performance Management . London:The Cromwell Press,1988.

[22]德内拉·梅多斯等著,李涛等译.增长的极限.北京:机械工业出版社,2006.

[23]詹姆斯N·罗西瑙著,张胜军、刘小林等译.没有政府的治理.南昌:江西人民出版社,2001.

[24]俞可平.治理与善治.北京:社会科学文献出版社,2000.

[25]Richard,D.,M. J. Smith. Governance and Public Policy in the United kingdom. New York:Oxford University press,2002.

[26]Rhodes,R. The New Governance:Governing Without Government. Political Studies,1997(44).

[27]Kooiman J.,Vliet. Modern Governance:Government Society Interactions. London:Sage,1993.

[28]Daniel Kaufmann,Aart Kraay,Pablo Zoido-Lobaton. Governance Matters:From Measurement to Action. http://www. Imf. org/external/pubs/ft/fandd/2000/06/kauf. htm,2000.

[29]Commission on Global Governance. Our Global Neighbour. http://www. itcilo. it/actrav-english/telearn/global/ilo/globe/gove. htm,1995.

[30]Jun, J.S. The Need for Autonomy and Virtues:Civic-Minded Administrators in a Civil Society. Administrative Theory &Praxis, 1999(2).

[31]UNDP. Decentralized Governance:Programme:Strengthening Capacity for People-Centred Development. Part One:Global Changes in Governance, http://magnet. undp. org/Docs/dec/DECEN923/Dece npro. htm,1997.

[32]芦刚.地方政府绩效评估中的公民参与问题研究.吉林大学博士学位论文,2007.

[33]Arnstein,Sherry. A Ladder of Citizen participation. Journal of American Institute of Planners,1969,Vol. 35.

[34]Garson, GD. And J. D. Willianms. Public Administration:Concept, Reading, Skill. Bost Publon, Massachusetts:Allyn&Bacn Inc,1982.

[35]魏娜.公民参与下的民主行政.国家行政学院学报,2002(3).

[36]R. E Freeman. Strategic Management：A Stakeholder Approach. Boston：Pitman，1984.

[37]Jackson Chevalier. Stakeholder Analysis and Natural Resource Management. Carleton University, 2001.

[38]Social Analysis Sourcebook. incorporating social dimensions intt Bank-supported projects. Social Development Departament，The world Bank,2002(8).

[39]Osborne, David and Gaebler，Ted. Reinventing Government：how the Entrepreneurial Spirit is Transforming the Public Sector. Reading，MA：Addison-Wesley，1992.

[40]高洁.边界不断扩张下的政府管理绩效如何提高.河北学刊,2005(1).

[41]卓越.公共部门绩效评估.北京：中国人民大学出版社,2004.

[42]马克·霍哲著,张梦中译.公共部门业绩评估与改善.中国行政管理,2000(3).

[43]凯瑟琳·纽科默等著,张梦中、李文星译.迎接业绩导向型政府的挑战.广州：中山大学出版社,2003.

[44]卓越.公共部门绩效评估的主体建构.中国行政管理,2004(5).

[45]彭国甫.对政府绩效评估几个基本问题的反思.湘潭大学学报(哲学社会科学版),2004(3).

[46]范柏乃,韩东晓,邵明国.基于满意原则为导向的人民评判政府绩效的意义阐释.行政与法,2004(2)

[47]吴建南,庄秋爽."自下而上"评价政府绩效探索:"公民评议政府"的得失分析.理论与改革,2004(5).

[48]孟华.政府绩效评估的民众基础及其改善.东南学术,2005(2).

[49]何会涛.公众作为公共部门绩效评估主体的障碍分析.山东行政学院山东省经济管理干部学院学报,2005(2)

[50]王锡锌.对"参与式"政府绩效评估制度的评估.行政法学研究,2007(1).

[51]ARNSTEIN，SHERRY. Ladder of Citizen Participation. Journal of American Institute of Planners,1969，Vol.35.

[52]SIMON JOSS. Public participation in science and technology policy and decision-making-ephemeral phenomenon or lasting change?. Science and Public Policy，October,1999(5).

[53]乔纳森·特纳.社会学理论的结构.北京:华夏出版社,2001.

[54] 国家统计局,国家环境保护总局.中国环境统计年鉴 2007.北京:中国统计出版社,2007.

[55] 恩格斯.自然辩证法.马克思恩格斯全集.北京:人民出版社,1971.

[56] 谈毅.公众参与科技决策的过程组织与方法效能.公共管理学报,2006(4).

[57] Pigou, A. C.. Economics of Welfare (4th edition). Macmillan, London,1932.

[58] Dasgupta, P. S.. The control of Resources. Basil Blackwell, Oxford,1982.

[59] 科斯.论生产的制度结构.上海:三联书店,1994.

[60] Hardin,G. The tragedy of the commons. Science,1968(162).

[61] Kneese, Allen V.. Economics and the Environment. Penguin Books,Harmondsworth,1977.

[62] 世界与环境发展委员会.我们共同的未来.长春:吉林人民出版社,2004.

[63] Anderson, T. L. and Leal, D. R., Free Market Environmentalism. Westview Press, Boulder, USA, 1991. Smith, F. L. J. Market and the environment: a critical appraisal. Contemporary Economic Policy,1995,Vol. 13 (1).

[64] 邓峰,马庆国.促进环境资源可持续发展的激励兼容机制研究.中国软科学,1999(12).

[65] 蓝东,胡大立,刘满凤.环境保护与企业发展.中国人口·资源与环境,2001(S1).

[66] 许晓明.环境领域中公众参与行为的经济分析.中国人口·资源与环境,2004(1).

[67] 张敏,姜学民.环境污染的经济分析及对策.中国人口·资源与环境,2002(12).

[68] 蒙肖莲,杜宽旗,蔡淑琴.环境政策问题分析模型研究.数量经济技术经济研究,2005(5).

[69] 王瑞玲,陈印军.我国"三废"排放的库兹涅茨曲线特征及其成因的灰色关联度分析.中国人口·资源与环境,2005(2).

[70] 潘岳.中国环境问题的根源是我们扭曲的发展观.环境保护,2005(6).

[71] Linder, S. H., McBride, M. E.. Enforcement Costs and Regulatory Reform: the Agency and Firm Responses. Journal of Environmental Economics and Management,1984(11).

[72]Beavis, B., Dobbs, I.. Firm behavior under Regulatory Control of Stochastie Environmental Wastes by Probabilistic Constraints. Journal of Environmental Eeonomics and Management,1987(15).

[73]Malik, A.. Markets for Pollution Control When Firms are Noncompliant. Journal of Environmental Economics and Management, 1990(2).

[74]Harrison, Kathryn. Is Cooperation the Answer? Canadian Environmental Enforcement in Comparative Context. Journal of Poliey Analysis and Management, 1995(14).

[75]Antweiler, Werner and Kathryn Harrison. Environmental Information, Consumers, and Workers: Economic Theory and Canadian Evidence. Working Paper, University of British Columbia, 2000.

[76]Magat, W. A., Viscusi, W. K. Effectiveness of the EPA'S Regulatory Enforcement: the Case of Industrial Effluent Standards. Journal of Law and Economics, 1990(33).

[77]LaPlante, B., Rilstone,P.. Environmental Inspections and Emissions of the Pulp and Paper Industry in Quebec. Journal of Environmental Economics and Management,1996(31).

[78]Nadeau, L. W.. EPA Effectiveness at Reducing the Duration of Plant-Level Noncompliance. Journal of Environmental Economics and Management, 1997(1).

[79]DasguPta, S., Laplante, B., Mamingi, N., Wang, H.. Inspections, Pollution Prices, and environment Performance: evidence from China. Ecological Economics, 2001(36).

[80]Deily, M. E., Gray, W. B.. Compliance and Enforcement: Air Pollution Regulation in the U. S. Steel Industry. Journal of Environmental Economics and Management, 1996(31).

[81]Dion, C., Lanoie, P., Laplante, B.. Monitoring of Pollution regulation: do local conditions matter?. Journal of Regulation Economics, 1998(13).

[82]汪涛,叶元煦.政府激励企业环境技术创新的初步研究.中国人口·资源与环境,1998(1).

[83]任远,马连敏.环境管理的社区运行机制.中国人口·资源与环境,2000(10).

[84]马小明,赵月炜.环境管制政策的局限性与变革 —— 自愿性环境政策的兴起.中国人口·资源与环境,2005(6).

[85]林梅.环境政策实施机制研究 —— 一个制度分析框架.社会学研

究,2003(1).

[86]孙长学. 政府作为与资源环境可持续发展. 经济体制改革,2006(1).

[87]张一心,吴靖,朱坦. 中国公众参与环境管理的研究. 城市环境与城市生态,2005(4).

[88]Vroom, V. H., and P. W. Yetton, Leadership and decision-making. Pittsburgh: University of Pittsurgh Press, 1973.

[89]ample, V. A. A Framework for Public Participation in Natural Resource Decision-Making. Journal of Orestry, 1993(91).

[90]Daniels, Steven E., Lawrence, Rick L., Alig. Ralph J. Decision-making and ecosystem-based management: applying the Vroom-Yetton model to public participation strategy. Environmental Impact Assessment Review, 1996(16).

[91]P. S. Elder, ed. Toronto: Canadian Environmental Law Association, 1975.

[92]Free&Green: A New Approach to Environmental Protection Jonathan H. Adler. Harvard Journal of Law & Public Policy, 2001.

[93]Robert C. Paehlke, Environmentalism and the Future of Progressive Polotics. New Haven: Yale University, 1989.

[94]Bond, Alan, Palerm, Juan, Haigh, Paul. Public participation in EIA of nuclear power plant decommissioning projects: a case study analysis, 2004(24).

[95]Webler and Tuler. Fairness and Competence in Citizen Participation: Theoretical Reflections from a Case Study. Administration & Society, 2000(32).

[96]Lauber T. B. Knuth B. A. Measuring Fairness in citizen Participation: A Case Study of Moose Management. Society and Natural Resources, 1999(12).

[97]Margaret A. House. Citizen participation in Water Management. Wat. Sci. Tech., 1999(40).

[98]Luca Del Furian, Jane Wallnce-Jonesb. The effectiveness of provisions and quality of practices concerning public participation in EIA in Italy. Environmental Impact Assessment Review, 2000(20).

[99]John W Delicath, Marie-France Aepli Elsenbeer, Stephen P Depose. Communication and Public Participation in Environmental Decision Making.

Albany，NY，State of University of New York Press，2004.

[100] 陈焕章.实用环境管理学.武汉:武汉大学出版社,1992.

[101] 叶文虎等.环境质量评价学.北京:高等教育出版社,1994.

[102] 杨贤智.环境管理学.北京:高等教育出版社,1990.曲格平.环境保护的公众参与及社会调节.中国环境报,2005-05-17.

[103] 张世秋.中国环境管理制度变革之道:从部门管理向公共管理转变.中国人口资源与环境,2005(4).

[104] 马晓明.三方博弈与环境制度.北京大学博士论文,2003.

[105] 许晓明.环境领域中公众参与行为的经济分析.中国人口资源与环境,2004(1).

[106] 昌敦虎等.环境问题的复杂性与公众参与行为扩展.中国人口资源与环境,2004(4).

[107] 田良.环境影响评价研究——从技术方法、管理制度到社会过程.兰州:兰州大学出版社,2004.

[108] 张辉.加拿大环境评价及其对中国环境影响评价的启示.环境科学,1996(增刊).

[109] 宋言奇.非政府组织参与环境管理:理论与方式探讨.自然辩证法研究,2006(5).

[110] 江剑平,袁雄.构建环保公众参与机制的设想.江西财经大学学报,2005(5).

[111] Strahler，A. N. and A. H.. Environmental Geoscience. Hamilton Publishing Company，1973.

[112] Luoma，S. N.. Introduction to Environmental Issues. Macmillan Publishing Company，1984.

[113] Purdom，P. W. & Anderson，S. H.. Environmental Science. Charles E. Merrill Publishing Co.，A Bell and Howell Co.，1980.

[114] 李志强.制度系统论:系统科学在制度研究中的应用.中国软科学,2003(4).

[115] 朱庚申.环境管理学.北京:中国环境科学出版社,2002.

[116] 马克思恩格斯选集(第2卷).北京:人民出版社,1995.

[117] 顾金土.中国环境社会学.北京:社会科学文献出版社,2007.

[118] 夏友富.外商投资中国污染密集产业现状、后果及其对策研究.管理世界,1999(3).

[119] 王国生.过渡时期地方政府与中央政府的纵向博弈及其经济效应.南京大学学报(哲学·人文科学·社会科学),2001(1).

[120] 陈宁,林汉川.公民社会力量弱小:官"煤"勾结得逞的关键因素.内蒙古煤炭经济,2008(1).

[121] 叶俊荣.环境政策与法律.北京:中国政法大学出版社,2003.

[122] L. B.斯图尔特著,苏苗罕译.二十一世纪的行政法.环球法律评论,2004(夏季号).

[123] 王冬梅,李万庆.博弈论在环境保护中的应用.城市环境与城市生态,2004(5).

[124] 张一心,吴婧,朱坦.中国公众参与环境管理的研究.城市环境与城市生态,2005(4).

[125] 莫申生.政府实施环境管制与企业行为的博弈分析.科技管理研究,2008(5).

[126] 卢方元.环境污染问题的演化博弈分析.系统工程理论与实践,2007(9).

[127] 曼瑟尔·奥尔森著,陈郁等译.集体行动的逻辑.上海:上海人民出版社,1995.

[128] 十七大报告学习辅导百问.北京:学习出版社,2007.

[129] 国家环保总局教育部.全国公众环境意识调查报告.北京:中国环境科学出版社,1999.

[130] 洪大用.中国城市居民的环境意识.江苏社会科学,2005(1).

[131] Catton, W. R. Jr. and R. E. Dunlap. Environmental Sociology: A New Paradigm. American Sociologist,1978(13).

[132] Maloney M. P. & Ward M. P. Ecology: let's hear from People, an objective scale for the measurement of ecologieal attitudes and knowledge. American Phychologist,1973(28).

[133] Vining J, Ebreo A. What makes a recyeler? A comparison of recyclers and nonrecyclers Environment and Behavior,1990(22).

[134] Sehultz P. W., Zelezny L. Values as predictors of environmental attitudes. Journalof Environmental Psychology,1999(3).

[135] Blake, D. E., Guppy, N., Urmetzer, P. Canadian Public opinion and environmental action. Canadian Journal of Political Seienee,1997(30).

[136] Ebreo, A., Hershey, J., Vining, J. Reducing solid waste. Linking recycling to environmentally responsible consumerism. Environment and Behavior,1999(31).

[137] Borden R. J. Psychology and ecology: beliefs in technology and the diffusion of ecological responsibility. The Journal of Environmental Education,

1984(2).

[138]Arcury，T. A. & Johnson，T. P. public environmental knowledge：a statewide survey. The Journal of Environmental Education,1987(4).

[139]Blum A. Students' knowledge and beliefs concerning environmental issues in four countries. The Journal of Environmental Education，1987(3).

[140]Hines，J. M.，Hungerford，H. R. & Tomera，A. N.. Analysis and Synthesis of Research on Responsible Environmental Behavior：A Meta-Analysis . Joumal of Environmental Education，1987(18).

[141]Bamberg，S. How does Environmental Concern Influence Specific Environmentally Related Behaviors? A New Answer to an old Question . Joumal of Environmental Psychology，2003(23).

[142]Dasgupta，S.，Wheeler，D.. Citizens Complaints as Environmental Indicators：Evidence from China. World Bank. Policy Research Working Paper Series 1704，Washington，D. C.，1997.

[143]Jeong Hee Yeo，Loren Geistfeld. The Effects of Aititudes，Perceived Control，and Knowledge on Engaging in Environmentally Conscious Behavior . Consumer Interests Annual，2005(51).

[144] 吴祖强.环境保护要依靠公众参与——关于环境保护主要依靠力量的市民调查.四川环境,1997(3).

[145] 赵秀梅,肖广岭. 首都高校学生环保社团的现状与发展. 中国人口资源与环境,1998(4).

[146] 郗小林,樊立宏,邓雪明.中国公众环境意识状况——公众调查结果剖析.中国软科学,1998(9).

[147]Chung S. S.，Poon C. S. A comparison of waste reduction practices and New Environmental Paradigm in four Southern Chinese areas. Environrnental Management，2000(26).

[148] 张世秋等.中国小城市妇女的环境意识与消费选择.中国软科学,2000(5).

[149] 李莹等.改善北京市大气环境治理中居民支付意愿的影响因素分析.中国人口资源与环境,2002(6).

[150] 侯小伏.英国环境管理的公众参与及其对中国的启示.中国人口资源与环境,2004(5).

[151] 李艳芳. 美国的环境影响评价公众参与制度. 环境保护,2001(10).

[152] 肖曼等.北美自由贸易区公众参与环境保护对我国的启示.新乡师范高等专科学校学报,2004(1).

[153] 李新民等.中西方国家环境影响评价公众参与的对比.环境科学,1998(8).

[154] 问责霞.公众参与建设项目环境影响评价实证分析——存在的问题及有效性分析.泰州职业技术学院学报,2005(4).

[155] 乔榛.一个基于效用视角的环境问题分析.当代经济研究,2005(2).

[156] 孙岩.居民环境行为及其影响因素研究.大连理工大学博士学位论文,2006.

[157] 刘建国.城市居民环境意识与环境行为关系研究.兰州大学硕士学位论文,2006.

[158] 王凤.公众参与环保行为机理研究.北京:中国环境科学出版社,2008.

[159] 洪大用.公民环境意识的综合评判及抽样分析.科技导报,1998(9).

[160] 洪大用.中国城市居民的环境意识.江苏社会科学,2005(1).

[161] 洪大用,肖晨阳.环境关心的性别差异分析.社会学研究,2007(2).

[162] 钟毅平等.大学生环境意识与环境行为的调查研究.心理科学,2003(3).

[163] 陶文娣等.北京市大学生环境意识调查与分析.中国人口·资源与环境,2004(1).

[164] 周景博,邹骥.北京市公众环境意识的总体评价与影响因素.北京社会科学,2005(2).

[165] 蒋妍等.北京居民垃圾分类行为及其环境意识研究.中国青年政治学院学报,2008(6).

[166] 环境知识与环境行为的参考文献

[167] 袁方.社会指标与社会发展评价.北京:中国劳动出版社,1995.

[168] 洪大用.中国环境社会学——一门建构中的学科.北京:社会科学文献出版社,2007.

[169] Flynn,Norman. Public Sector Management . Prentice Hall, 1997. 转引自刘伟.基于结构方程的政府信用对政府绩效的激励研究.浙江大学硕士论文,2008.

[170] 何显明.信用政府的逻辑.上海:学林出版社,2007.

[171]范柏乃,韩东晓,邵明国.基于满意原则为导向的人民评判政府绩效的意义阐释.行政与法,2004(2).

[172]高洪成.政府绩效评估在困惑中前行.人力资源开发与管理,2005(2).

[173]孙彩红,贠杰.行政管理学前沿和重大问题研究.中国社会科学院报,2007(2).

[174]吴建南,庄秋爽."自下而上"评价政府绩效探索:"公民评议政府"的得失分析.理论与改革,2004(5).

[175]何会涛.公众作为公共部门绩效评估主体的障碍分析.山东行政学院山东省经济管理干部学院学报,2005(5).

[176]孟华.政府绩效评估的民众基础及其改善.东南学术,2005(2).

[177]彭国甫.价值取向是政府绩效评估的深层结构.中国行政管理,2004(7)

[178]刘伟.基于结构方程的政府信用对政府绩效的激励研究.浙江大学硕士论文,2008.

[179]林军.城市政府建立环境管理体系的绩效分析.环境保护,2002(2).

[180]理查德·L·达夫特(Richard L. Daft)著,韩经纶、韦福祥等译.管理学(第五版).北京:机械工业出版社,2003.

[181]叶正波.基于三维一体的区域可持续发展指标体系构建理论.环境保护科学,2002(1).

[182]范柏乃,蓝志勇.公共管理研究与定量分析方法.北京:科学出版社,2008.

[183]孙建丽.城市环境安全评价指标体系.环境科学与管理,2008(7).

[184]范柏乃.政府绩效评估与管理.上海:复旦大学出版社,2007.

[185]Charnes, A., Cooper, W. W., Rhodes, E. Evaluation program and managerial efficiency:An application of data envelopment analysis to program follow throw. Management Science , 1981(60).

[186]Inderani Basak. On the use of information criteria in analytic hierarchy process. European Journal of Operational Research,2002(1).

[187]Partovi F Y. Determining what to benchmark:an analytic hierarchy process approach. Int. J. Oper. Prod. Mgmt,1994(6).

[188]魏邦龙.层次分析法(AHP)确定农业科研项目评估指标的权重.甘肃科学学报,1997(3).

[189]Joshua M. Duke and Rhonda Aull-Hyde. Identifying public preferences for land preservation using the analytic hierarchy process. Ecological economics,2002(1-2).

[190]李永强.城市竞争力评价的结构方程模型研究.成都:西南财经大学出版社,2006.

[191]李怀祖.管理学方法论.西安:西安交通大学出版社,2004.

[192]吴兆龙,丁晓.结构方程模型的理论、建立与应用.科技管理研究,2004(6).

[193]Aderson,James.,and David W. Gerbing. Structural Equation Modeling in Practice:A Review and Recommenged Two-step Approach. Psychological Bulletion,1988(3).

[194]侯杰泰,成子娟.结构方程模型的应用及其分析策略.心理学初探,1999(19).

[195]Hair, Joseph F., Jr. Rllph E. Anderson, Ronald L. Tatham, and William C. Black. Multivariat Date Analysis,5thed. Upper Saddle River, NJ:Prentice Hall,1998.

[196]侯杰泰,温忠麟,成子娟.结构方程模型及其应用.北京:教育科学出版社,2004.

附　录

附表 1　公众环境参与指标相关系数矩阵

	城市化率	人口增长率	教育年限	教育经费占GDP比重	人均GDP	人均GDP增长率	万人卫生机构人员数	预期寿命	工业总产值	工业增加值	三次产业结构	三次就业结构	环保资金投入	环保科技活动人员数
城市化率	1	-0.458*	0.592**	0.151	0.482*	0.335	-0.163	0.446*	0.034	0.038	0.414	0.430*	0.100	0.099
人口增长率	-0.458*	1	-0.607**	0.117	-0.650**	-0.546**	-0.326	-0.780**	-0.485*	-0.474*	-0.441*	-0.494*	-0.507**	-0.375
教育年限	0.592**	-0.607**	1	0.186	0.762**	0.315	-0.026	0.746**	0.158	0.130	0.711**	0.582**	0.197	-0.075
教育经费占 GDP 比重	0.151	0.117	0.186	1	0.114	-0.253	-0.482*	-0.207	-0.424*	-0.475*	0.570**	-0.147	-0.373	-0.485*
人均 GDP	0.482*	-0.650**	0.762**	0.114	1	0.409*	-0.066	0.786**	0.468*	0.426*	0.752**	0.588**	0.419*	0.036
人均 GDP 增长率	0.335	-0.546**	0.315	-0.253	0.409*	1	0.108	0.591**	0.507**	0.460*	0.222	0.410*	0.553**	0.153
万人卫生机构人员数	-0.163	-0.326	-0.026	-0.482*	-0.066	0.108	1	0.229	0.610**	0.681**	-0.331	-0.241	0.622**	0.781**
预期寿命	0.446*	-0.780**	0.746**	-0.207	0.786**	0.591**	0.229	1	0.585**	0.555**	0.547**	0.517**	0.580**	0.228
工业总产值	0.034	-0.485*	0.158	-0.424*	0.468*	0.507**	0.610**	0.585**	1	0.984**	0.050	0.138	0.957**	0.640**
工业增加值	0.038	-0.474*	0.130	-0.475*	0.426*	0.460*	0.681**	0.555**	0.984**	1	-0.030	0.106	0.944**	0.676**
三次产业结构	0.414	-0.441*	0.711**	0.570**	0.752**	0.222	-0.331	0.547**	0.050	-0.030	1	0.364	0.076	-0.247
三次就业结构	0.430*	-0.494*	0.582**	-0.147	0.588**	0.410*	-0.241	0.517**	0.138	0.106	0.364	1	0.140	-0.163
环保资金投入	0.100	-0.507**	0.197	-0.373	0.419*	0.553**	0.622**	0.580**	0.957**	0.944**	0.076	0.140	1	0.618**
环保科技活动人员数	0.099	-0.375	-0.075	-0.485*	0.036	0.153	0.781**	0.228	0.640**	0.676**	-0.247	-0.163	0.618**	1

*. Correlation is significant at the 0.05 level (2-tailed).

**. Correlation is significant at the 0.01 level (2-tailed).

附表 2　政府环境管理绩效指标相关系数矩阵

	公众满意度	工业废水排放达标率	工业二氧化硫去除率	工业固废综合利用率	工业污染治理投资	COD排放总量	二氧化硫排放总量	工业固废产生量	单位GDP能耗	单位GDP电耗	单位工业增加值能耗	人均湿地面积	人均森林覆盖率	人均水资源量
公众满意度	1.000	0.622	-0.226	0.308	0.374	0.187	0.162	0.194	-0.419	-0.379	-0.391	0.096	-0.218	-0.612
工业废水排放达标率	0.622	1.000	-0.087	0.166	0.411	0.138	0.014	0.045	-0.727	-0.573	-0.596	-0.165	0.099	-0.575
工业二氧化硫去除率	-0.226	-0.087	1.000	-0.362	-0.113	-0.105	-0.172	0.139	-0.083	0.069	0.084	-0.123	0.262	0.189
工业固废综合利用率	0.308	0.166	-0.362	1.000	0.123	-0.095	0.006	-0.151	-0.040	-0.130	-0.322	0.075	-0.472	-0.341
工业污染治理投资	0.374	0.411	-0.113	0.123	1.000	0.402	0.576	0.428	-0.175	-0.155	-0.279	0.112	-0.129	-0.435
COD排放总量	0.187	0.138	-0.105	-0.095	0.402	1.000	0.705	0.407	-0.100	-0.121	0.021	0.137	-0.031	0.083
二氧化硫排放总量	0.162	0.014	-0.172	0.006	0.576	0.705	1.000	0.654	0.258	0.231	0.303	0.290	-0.276	-0.282
工业固废产生量	0.194	0.045	0.139	-0.151	0.428	0.407	0.654	1.000	0.394	0.301	0.441	0.147	-0.012	-0.287
单位GDP能耗	-0.419	-0.727	-0.083	-0.040	-0.175	-0.100	0.258	0.394	1.000	0.862	0.853	0.178	-0.263	0.063
单位GDP电耗	-0.379	-0.573	0.069	-0.130	-0.155	-0.121	0.231	0.301	0.862	1.000	0.775	-0.001	-0.220	-0.082
单位工业增加值能耗	-0.391	-0.596	0.084	-0.322	-0.279	0.021	0.303	0.441	0.853	0.775	1.000	0.152	-0.177	0.126
人均湿地面积	0.096	-0.165	-0.123	0.075	0.112	0.137	0.290	0.147	0.178	-0.001	0.152	1.000	-0.079	0.064
人均森林覆盖率	-0.218	0.099	0.262	-0.472	-0.129	-0.031	-0.276	-0.012	-0.263	-0.220	-0.177	-0.079	1.000	0.392
人均水资源量	-0.612	-0.575	0.189	-0.341	-0.435	0.083	-0.282	-0.287	0.063	-0.082	0.126	0.064	0.392	1.000

附表 3　面向公众参与的政府环境管理绩效评价指标相关系数矩阵

	J1	J2	J3	J4	J5	J6	J7	J8	J9	J10	J11	J12	J13	J14	H1	H2	H3	H4	H5	H6	H7	H8	H9	H10	H11	H12	H13	H14	H15	H16	H17
J1	1.000	0.622	-0.226	0.308	0.374	0.187	0.162	0.194	-0.419	-0.379	-0.391	0.096	-0.218	-0.612	0.592	-0.647	0.676	-0.097	0.663	0.608	0.340	0.752	0.464	0.462	0.457	0.421	0.475	0.288	0.755	0.738	0.756
J2	0.622	1.000	-0.087	0.166	0.411	0.138	0.014	0.045	-0.727	-0.573	-0.596	-0.165	0.099	-0.575	0.363	-0.607	0.491	-0.314	0.486	0.443	0.299	0.842	0.514	0.507	0.304	0.366	0.504	0.340	0.458	0.432	0.449
J3	-0.226	-0.087	1.000	-0.362	0.113	-0.105	-0.172	0.139	-0.083	0.069	0.084	-0.123	0.262	0.189	-0.176	0.277	-0.334	-0.073	-0.301	-0.293	-0.026	-0.360	-0.157	-0.177	-0.186	-0.269	-0.206	0.017	-0.143	-0.122	-0.177
J4	0.308	0.166	-0.362	1.000	0.123	-0.095	0.006	-0.151	-0.040	-0.130	-0.322	0.075	-0.472	-0.341	0.411	-0.437	0.481	0.229	0.439	0.489	-0.123	0.365	0.226	0.178	0.453	0.467	0.404	-0.080	0.232	0.184	0.245
J5	0.374	0.411	0.113	0.123	1.000	0.402	0.576	0.428	0.394	0.301	0.441	0.112	-0.129	-0.435	-0.104	-0.299	-0.002	-0.436	0.125	0.357	0.710	0.348	0.726	0.783	-0.127	-0.073	0.734	0.528	0.340	0.358	0.331
J6	0.187	0.138	-0.105	-0.095	0.402	1.000	0.705	0.407	-0.100	0.231	0.021	0.137	-0.031	-0.175	-0.295	-0.054	-0.191	-0.414	-0.257	0.159	0.670	0.085	0.311	0.351	-0.327	-0.205	0.371	0.403	0.133	0.185	0.100
J7	0.162	0.014	-0.172	0.006	0.576	0.705	1.000	0.654	0.258	0.231	0.303	0.290	-0.276	-0.282	-0.341	-0.128	-0.254	-0.424	-0.266	0.380	0.696	0.030	0.466	0.504	-0.439	-0.257	0.513	0.368	0.019	0.061	0.003
J8	0.194	0.045	0.139	-0.151	0.428	0.407	0.654	1.000	0.394	0.301	0.441	0.147	-0.012	-0.287	-0.185	0.033	-0.074	-0.388	-0.279	0.129	0.568	-0.062	0.168	0.233	-0.410	-0.228	0.225	-0.248	-0.066	-0.042	-0.099
J9	-0.419	-0.727	-0.083	-0.040	0.394	-0.100	0.258	0.394	1.000	0.862	0.853	0.178	-0.263	0.063	-0.239	0.416	-0.357	0.182	-0.487	-0.193	-0.138	-0.631	-0.408	-0.377	-0.427	-0.278	-0.361	-0.344	-0.445	-0.430	-0.454
J10	-0.379	-0.573	0.069	-0.130	0.301	0.231	0.231	0.301	0.862	1.000	0.775	-0.001	-0.220	-0.082	-0.296	0.376	-0.477	0.226	-0.416	-0.097	-0.187	-0.578	-0.269	-0.275	-0.389	-0.306	-0.287	-0.302	-0.341	-0.324	-0.354
J11	-0.391	-0.596	0.084	-0.322	0.441	0.021	0.303	0.441	0.853	0.775	1.000	0.152	-0.177	0.126	-0.266	0.491	-0.406	0.083	-0.636	-0.220	-0.098	-0.606	-0.510	-0.485	-0.513	-0.412	-0.494	-0.343	-0.531	-0.499	-0.543
J12	0.096	-0.165	-0.123	0.075	0.112	0.137	0.290	0.147	0.178	-0.001	0.152	1.000	-0.079	0.064	0.362	-0.171	-0.051	-0.323	-0.149	0.219	0.224	-0.061	0.087	0.166	-0.391	0.008	0.171	0.255	-0.295	-0.296	-0.292
J13	-0.218	0.099	0.262	-0.472	-0.129	-0.031	-0.276	-0.012	-0.263	-0.220	-0.177	-0.079	1.000	0.392	-0.134	0.227	-0.240	-0.151	-0.236	-0.082	-0.134	-0.115	-0.195	-0.193	-0.076	-0.173	-0.214	0.059	-0.303	-0.287	-0.307
J14	-0.612	-0.575	0.189	-0.341	-0.435	-0.175	-0.282	-0.287	0.063	-0.082	0.126	0.064	0.392	1.000	-0.315	0.682	-0.487	0.070	-0.521	-0.509	-0.322	-0.628	-0.511	-0.497	-0.253	-0.340	-0.495	-0.198	-0.515	-0.487	-0.519
H1	0.592	0.363	-0.176	0.411	-0.104	-0.295	-0.341	-0.185	-0.239	-0.296	-0.266	0.362	-0.134	-0.315	1.000	-0.458	0.592	0.151	0.482	0.335	-0.163	0.446	0.034	0.038	0.414	0.430	0.100	0.099	0.289	0.236	0.315
H2	-0.647	-0.607	0.277	-0.437	-0.299	-0.054	-0.128	0.033	0.416	0.376	0.491	-0.171	0.227	0.682	-0.458	1.000	-0.607	0.117	-0.650	-0.546	-0.326	-0.780	-0.485	-0.474	-0.441	-0.494	-0.507	-0.375	-0.511	-0.474	-0.523

续表

	J1	J2	J3	J4	J5	J6	J7	J8	J9	J10	J11	J12	J13	J14	H1	H2	H3	H4	H5	H6	H7	H8	H9	H10	H11	H12	H13	H14	H15	H16	H17
H3	0.676	0.491	−0.334	0.481	−0.002	−0.191	−0.254	−0.074	−0.357	−0.477	−0.406	−0.051	−0.240	−0.487	0.592	−0.607	1.000	0.186	0.762	0.315	−0.026	0.746	0.158	0.130	0.711	0.582	0.197	−0.075	0.521	0.470	0.548
H4	−0.097	−0.314	−0.073	0.229	−0.436	−0.414	−0.424	−0.388	0.182	0.226	0.083	−0.323	−0.151	0.070	0.151	0.117	0.186	1.000	0.114	−0.253	−0.482	−0.207	−0.424	−0.475	0.570	−0.147	−0.373	−0.485	0.105	0.102	0.152
H5	0.663	0.486	−0.301	0.439	0.125	−0.257	−0.266	−0.279	−0.487	−0.416	−0.636	−0.149	−0.236	−0.521	0.482	−0.650	0.762	0.114	1.000	0.409	−0.066	0.786	0.468	0.426	0.752	0.588	0.419	0.036	0.669	0.613	0.703
H6	0.608	0.443	−0.293	0.489	0.357	0.159	0.380	0.129	−0.193	−0.097	−0.220	0.219	−0.082	−0.509	0.335	−0.546	0.315	−0.253	0.409	1.000	0.108	0.591	0.507	0.460	0.222	0.410	0.553	0.153	0.247	0.221	0.253
H7	0.340	0.299	−0.026	−0.123	0.710	0.670	0.696	0.568	−0.138	−0.187	−0.098	0.224	−0.134	−0.322	−0.163	−0.326	−0.026	−0.482	−0.066	0.108	1.000	0.229	0.610	0.681	−0.331	−0.241	0.622	0.781	0.276	0.314	0.262
H8	0.752	0.842	−0.360	0.365	0.348	0.085	0.030	−0.062	−0.631	−0.578	−0.606	−0.061	−0.115	−0.628	0.446	−0.780	0.746	−0.207	0.786	0.591	0.229	1.000	0.585	0.555	0.347	0.517	0.580	0.228	0.575	0.539	0.591
H9	0.464	0.514	−0.157	0.226	0.726	0.311	0.466	0.168	−0.408	−0.269	−0.510	0.166	−0.195	−0.511	0.034	−0.485	0.158	−0.424	0.468	0.507	0.610	0.585	1.000	0.984	0.050	0.138	0.957	0.640	0.411	0.400	0.425
H10	0.462	0.507	−0.177	0.178	0.783	0.351	0.504	0.233	−0.377	−0.275	−0.485	0.087	−0.193	−0.497	0.038	−0.474	0.130	−0.475	0.426	0.460	0.681	0.555	0.984	1.000	−0.030	0.106	0.944	0.676	0.395	0.387	0.406
H11	0.457	0.304	−0.186	0.453	−0.127	−0.327	−0.439	−0.410	−0.427	−0.389	−0.513	−0.391	−0.076	−0.253	0.414	−0.441	0.711	0.570	0.752	0.222	−0.331	0.547	0.050	−0.030	1.000	0.364	0.076	−0.247	0.572	0.531	0.615
H12	0.421	0.366	−0.269	0.467	−0.073	−0.205	−0.257	−0.228	−0.278	−0.306	−0.412	0.008	−0.173	−0.340	0.430	−0.494	0.582	−0.147	0.588	0.410	−0.241	0.517	0.138	0.106	0.364	1.000	0.140	−0.163	0.328	0.247	0.306
H13	0.475	0.504	−0.206	0.404	0.734	0.371	0.513	0.225	−0.261	−0.287	−0.494	0.171	−0.214	−0.495	0.100	−0.507	0.197	−0.373	0.419	0.553	0.622	0.580	0.957	0.944	0.076	0.140	1.000	0.618	0.366	0.356	0.378
H14	0.288	0.340	0.017	−0.080	0.528	0.403	0.368	0.248	−0.344	−0.302	−0.343	0.255	0.059	−0.198	0.099	−0.375	−0.075	−0.485	0.036	0.153	0.781	0.228	0.640	0.676	−0.247	−0.163	0.618	1.000	0.226	0.236	0.229
H15	0.755	0.458	−0.143	0.232	0.340	0.133	0.019	−0.066	−0.445	−0.341	−0.531	−0.295	−0.303	−0.515	0.289	−0.511	0.521	0.105	0.669	0.247	0.276	0.575	0.411	0.395	0.572	0.328	0.366	0.226	1.000	0.994	0.995
H16	0.738	0.432	−0.122	0.184	0.358	0.185	0.061	−0.042	−0.430	−0.324	−0.499	−0.296	−0.287	−0.487	0.236	−0.474	0.470	0.102	0.613	0.221	0.314	0.539	0.400	0.387	0.531	0.247	0.356	0.236	0.994	1.000	0.987
H17	0.756	0.449	−0.177	0.245	0.331	0.100	0.003	−0.099	−0.454	−0.354	−0.543	−0.292	−0.307	−0.519	0.315	−0.523	0.548	0.152	0.703	0.253	0.262	0.591	0.425	0.406	0.615	0.306	0.378	0.229	0.995	0.987	1.000

攻读博士学位期间的主要成果

攻读博士期间,以北京工业大学为作者单位所发表的学术论文:

(1)王丽珂.我国的城市化与环境友好型社区建设.第17届中国社会学年会,2007年7月

(2)王丽珂.环保事业建设中民间环保组织的作用.2008中国长春社会学年会,2008年7月

(3)王丽珂.城市化背景下的环境友好型社区评价指标体系初探.理论探讨(CSSCI),2007年第6期

(4)王丽珂,许洪春.发达地区环境与经济协调发展度评价.工业技术经济(核心期刊),2008年第6期

(5)Wang Li-Ke. On Evaluation of Ecological-Civilization-Oriented Government Environmental Management Performance. 2008 International Conference on Public Administration. (ISTP),2008

(6)王丽珂.基于生态文明的政府环境管理绩效评价.北京工业大学学报(社会科学版),2008年12月,CSSCI来源期刊

(7)王丽珂.我国发达地区环境与经济发展的协调性研究.科技进步与对策(CSSCI),2009年6月

(8)王丽珂.县域不同群体环境行为绩效的差异检验与分析.贵州社会科学(CSSCI),2009年4月

(9)王丽珂.主成分分析法在社会建设绩效评价中的应用.待发表

(10)王丽珂.改革开放30年来北京社会建设的DEA评价.待发表

攻读博士期间,参与的研究课题:

(1)参与《中国可持续发展总纲》(第15卷)《中国社会进步与可持续发展》,课题组主要成员,负责第四章"社会管理"的部分编写工作。

(2)参与科技部课题《发达地区经济社会协调发展机理与对策研究》(2005BA807B04),课题组核心成员,主要负责第一部分(共四部分)"发达地区经济社会发展的基本状况及问题",独立撰稿人。

(3)参与北京市重点课题《北京社会建设60年》,课题组核心成员,主要负责"北京环境问题与环保事业建设60年",独立撰稿人。

攻读博士期间,获得的其他奖励:

获得北京工业大学科研优秀奖

致　　谢

光阴似箭，岁月在击打键盘的指尖流逝。在论文即将完成之时，许多帮助过我、关心过我的师长和朋友们，将令我终生无法忘记。

本论文是在我的导师陆学艺先生的悉心指导下完成的，论文从题目的选定至完稿都倾注着导师的智慧。人品正则学术端，自入师门之日起，恩师严谨求实的治学态度、豁达开朗的性情品格、宽容友善的待人方式，时刻感染着我，使我在名师的言传身教之中领悟着做人和做学问的道理。师从陆老师是我人生的一大幸事，他在我学习上的指导和生活上的关怀足以让我受用终生。在此，学生谨向您致以崇高的敬意和深深的感谢。

在攻读博士期间，我得到了北京工业大学许多老师的无私指导和帮助。真诚感谢经管学院的吴国蔚教授、宗刚教授、黄鲁成教授、张永安教授、蒋国瑞教授、阮平南教授、韩福荣教授、黄海峰教授、李双杰教授、禹海波教授，以及人文学院杨茹书记、钱伟量教授、唐军教授、张荆教授、吴力子老师的指导、关心与帮助。

中国社会科学院陈光金研究员在论文写作过程中给我提供了宝贵指导意见，李炜老师提供了重要的数据支持，在此向他们献上我诚挚的感谢。

特别感谢中国人民大学洪大用教授对论文提供的资助，正是有了他热情的帮助，我才得以顺利完成论文。

同时还要感谢同门赵卫华、李晓婷、杨桂宏、鞠春彦、曹飞廉、宋国恺、刘金伟、胡建国、杜焕来、谢振忠、李晓壮及其博士同学肖华茂、王伟、黄梅、柴金艳、戴家佳、张雁、李剑、门艳彬、庄智涛、马铁丰等在学习和生活上的帮助。

曲折的求学之路给我留下了宝贵的精神财富，我的父母和亲人们给了我极大的帮助和鼓励，给了我战胜各种困难的信心和勇气，你们的爱伴随我一路前行。

感谢我的丈夫许洪春在我读书期间倾心的陪伴，他的支持是我不断前进的力量。

最后我将谢意献给论文所列参考文献的作者们，正是由于他们前期的研究，才使本文的思考有了一定的理论基础和进一步拓展的支点。

2009 年 3 月 28 日深夜于北京工业大学